PREGUNTAS y RESPUESTAS

para aprender

María Mañeru • Pablo Alcázar

LIBSA

© 2025, Editorial LIBSA
C/ Puerto de Navacerrada, 88
Polígono industrial Las Nieves
28935 Móstoles. Madrid
Tel. (34) 91 657 25 80
e-mail: libsa@libsa.es
www.libsa.es

ISBN: 978-84-662-4339-1

Ilustración: Pablo Alcázar Alarcón
Textos y edición: María Mañeru
Maquetación: Carolina García Gómez

DL: M 26246-2024

Contenido

Presentación

«Lo importante es no dejar de hacerse preguntas».

ALBERT EINSTEIN

Hacerse preguntas es, seguramente, el primer paso para convertirse en un sabio. Porque quien se pregunta cosas, encuentra respuestas... ¡Y en este libro te damos muchas!

Todo aquello que siempre quisiste saber y no preguntaste o sí preguntaste, pero nadie te supo responder está esperándote para ser desvelado:

¿Los dinosaurios tenían plumas? ¿Qué es un animal mirmecófago? ¿Por qué los delfines duermen con un ojo abierto y otro cerrado? ¿Los cocodrilos van al dentista? ¿Cómo saber la edad de un árbol? ¿Qué es una planta carnívora? ¿Cuántos pensamientos produce tu cerebro

zzzzzzzzz

cada día? ¿Hay gente con huesos de más? ¿Para qué sirven los pelos de la nariz? ¿Cuál es el país más grande y el más pequeño? ¿En qué ciudad viven mejor los niños? ¿Quién inventó la anestesia? ¿Es verdad que venimos del mono? ¿Cómo se rodó la primera película? ¿Cuál fue el primer virus informático de la historia? ¿Para qué se construyeron las pirámides? ¿Hay una Mona Lisa holandesa?

Si te ha interesado esta muestra, este es tu libro, porque tienes ante ti más de **300 preguntas con sus respuestas** en las que hemos intentado responder del modo más sencillo y breve posible a grandes preguntas, desde la época de los dinosaurios hasta nuestros días y tocando todos los temas: reino animal, mundo vegetal, cuerpo humano, geografía, ciencia e inventos, arte, cultura, etc.

La curiosidad es una virtud que sirve para aprender, así que… ¡Adelante!

Los dinosaurios

¿Cómo fueron los primeros dinosaurios?

¿CUÁNTO TIEMPO HUBO DINOSAURIOS?

Los dinosaurios dominaron la Tierra durante unos 140 millones de años, desde el principio del Jurásico hasta el final del Cretácico, pero ya los había antes: los más antiguos que se conocen tienen… ¡240 millones de años!

¡Dino-abuelos!

¿DE QUÉ ÉPOCA SON?

Hace unos 251 millones de años, empezó la era Mesozoica, que se divide en los períodos **Triásico, Jurásico y Cretácico.** Los primeros dinosaurios son del Triásico, cuando solo había un supercontinente: **Pangea,** que empezaba a separarse en dos.

¿CÓMO ERA SU MUNDO?

Durante casi todo el Triásico el clima fue cálido y seco, con bastantes zonas desérticas en el interior de Pangea, aunque en la costa había más humedad. La naturaleza predominante eran helechos, coníferas y palmeras. Sus compañeros de vida eran en su mayoría reptiles.

¿CÓMO ERAN ELLOS?

Eran bípedos y aunque tenían brazos cortos con garras, en realidad de media eran pequeños, con menos de un metro de altura y tres metros de longitud, aunque casi todo se lo debían a la cola.

¡Grrrrrrrr!

¿CUÁL ES EL MÁS VIEJECITO?

El dinosaurio más antiguo conocido es el *Nyasasaurus parringtoni.* Vivió en el Triásico medio, pero sus características han determinado que ya es dinosauriforme. Unos 15 millones de años después, en el Triásico superior, ya podemos hablar de verdaderos dinosaurios como el *Herrerasaurus,* un dino mediano, pero buen cazador, bien armado con garras y dientes.

¿Quiénes fueron los más fieros?

NO NECESITO IR AL DENTISTA.

¿LOS MÁS FIEROS POR QUÉ?

La ferocidad o peligrosidad de un dinosaurio se basa en su tamaño, la fuerza de su mandíbula, su dentadura y sus habilidades como cazador. Por supuesto, los más fieros siempre, siempre, eran carnívoros.

TORPE, PERO MATÓN.

¿CUÁL ES EL MÁS FAMOSO?

¡Por favor! El *Tirannosaurus rex.* Este «encantador» dinosaurio fue el rey del Cretácico, con sus 13 m de longitud y 6 m de altura. Solo su cabeza medía más de un metro y la tenía armada con unos 60 dientes tan grandes como tu mano, curvados y afilados. Era genial, porque si se le caía un diente cazando, le volvía a crecer otro.

¿TODOS LOS DINOS PELIGROSOS ERAN TAN GRANDES?

Era lo más habitual. Por ejemplo, el *Giganotosaurus* era igual de largo que el T-rex y un metro más alto que él, pero como podía llegar a pesar hasta 13 toneladas, era un cazador lento, que usaba la técnica de la emboscada.

¿ERAN TODOS IGUALES?

No siempre. Hubo alguno peculiar, como el perfil inconfundible del *Spinosaurus,* con su gran vela o aleta en la espalda formada por espinas rígidas cubiertas de piel y que cambiaba de color. Este dinosaurio, sobre todo, era pescador.

EL PESCADO ES MÁS SANO.

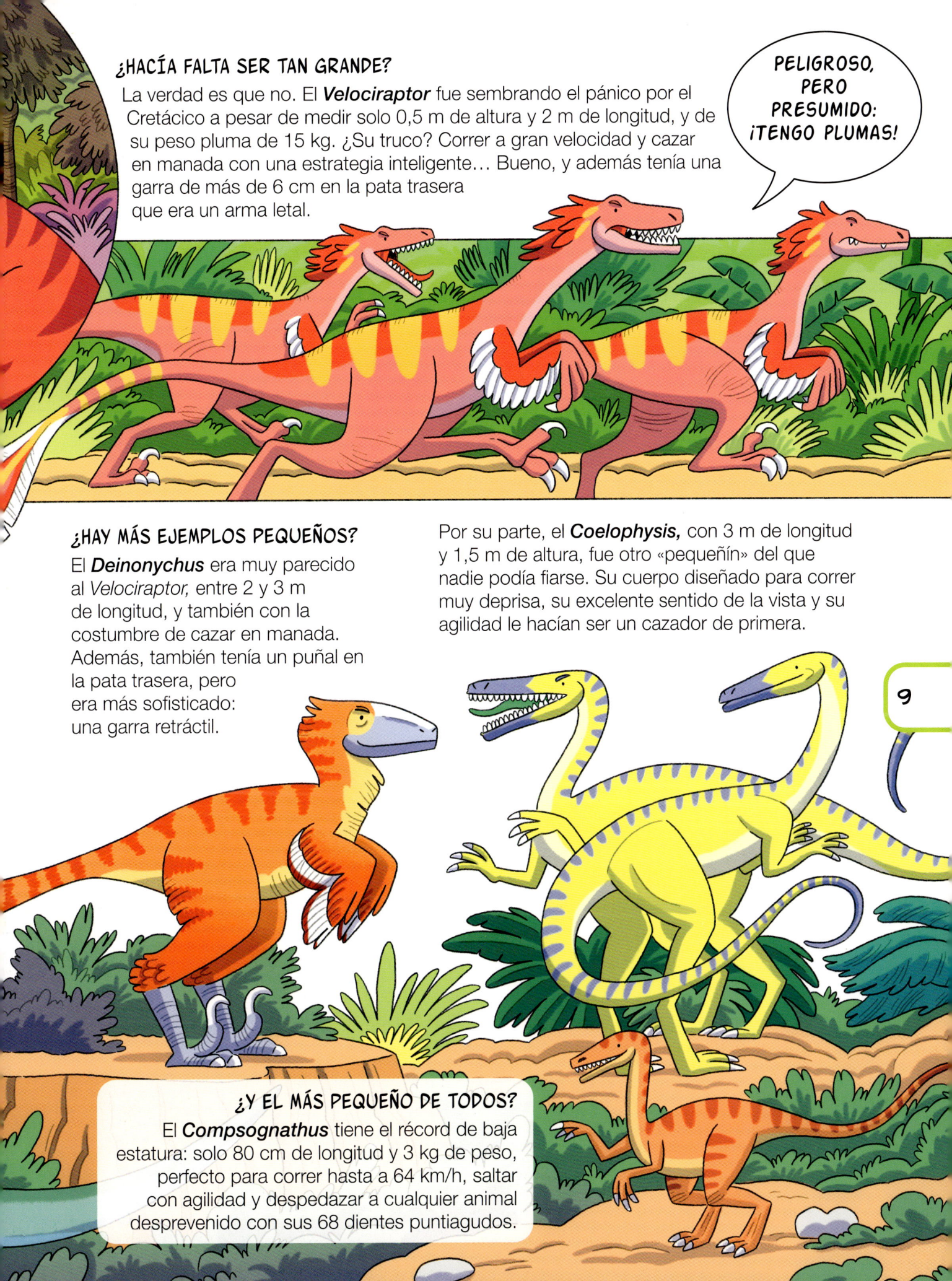

¿HACÍA FALTA SER TAN GRANDE?

La verdad es que no. El **Velociraptor** fue sembrando el pánico por el Cretácico a pesar de medir solo 0,5 m de altura y 2 m de longitud, y de su peso pluma de 15 kg. ¿Su truco? Correr a gran velocidad y cazar en manada con una estrategia inteligente… Bueno, y además tenía una garra de más de 6 cm en la pata trasera que era un arma letal.

PELIGROSO, PERO PRESUMIDO: ¡TENGO PLUMAS!

¿HAY MÁS EJEMPLOS PEQUEÑOS?

El **Deinonychus** era muy parecido al *Velociraptor,* entre 2 y 3 m de longitud, y también con la costumbre de cazar en manada. Además, también tenía un puñal en la pata trasera, pero era más sofisticado: una garra retráctil.

Por su parte, el **Coelophysis,** con 3 m de longitud y 1,5 m de altura, fue otro «pequeñín» del que nadie podía fiarse. Su cuerpo diseñado para correr muy deprisa, su excelente sentido de la vista y su agilidad le hacían ser un cazador de primera.

¿Y EL MÁS PEQUEÑO DE TODOS?

El **Compsognathus** tiene el récord de baja estatura: solo 80 cm de longitud y 3 kg de peso, perfecto para correr hasta a 64 km/h, saltar con agilidad y despedazar a cualquier animal desprevenido con sus 68 dientes puntiagudos.

¿Quiénes fueron los más grandes?

¿DE QUÉ TIPO ERAN LOS DINOSAURIOS MÁS GRANDES?

No es cosa de los cuentos, ¡los gigantes existieron de verdad! El grupo de dinosaurios más grandes son los saurópodos, aunque quizá los conozcas como **«dinosaurios de cuello largo»**. Fueron grandes herbívoros de cuatro patas que durante el Jurásico y Cretácico ocuparon muuuuucho espacio.

¿QUIÉNES ERAN?

El más famoso de la familia es el **diplodocus:** 27 m de longitud (¡9 m de cuello!), pero hubo muchos más: el braquiosaurio, el apatosaurio o el titanosaurio.

PERO... ¿CUÁL FUE EL MÁS GRANDE DE TODOS?

Este honor lo tiene el **Patagotitan mayorum,** con al menos 37 m de largo y 20 m de alto… ¡Era más largo que una cancha de baloncesto! Tampoco era delgadito, se cree que la báscula marcaría unas 70 toneladas.

¿Y EL MÁS ALTO?

El **Giraffatitan brancai** medía 12 m de altura, más que si pusieras dos jirafas una encima de la otra. Sin embargo, «solo» medía 23 m de largo y pesaba unas 40 toneladas; era más ligero que su primo, el *Patagotitan*.

¿ERAN PELIGROSOS?

Con su tamaño, casi nadie se metía con ellos, pero como no podían huir a toda velocidad usaban otras estrategias: aplastar al enemigo de un pisotón o golpearlo con su cola-látigo a unos 110 km/h.

MMM... TROPEZONES DE PIEDRA EN LA ENSALADA...

¿QUÉ COMÍAN?

Estos enormes vegetarianos no podían permitirse el lujo de seleccionar el menú y comían todos los helechos y coníferas que tenían a su alcance. Lo hacían muy deprisa, sin apenas masticar. Para facilitar la digestión, también tragaban piedras **(gastrolitos)**.

¡ÑAM, ÑAM!

¿CUÁL FUE EL REPTIL MARINO MÁS GRANDE?

El **Shastasaurus sikanniensis** llegó a medir 21 m, pero es mucho más famoso el **Mosasaurio,** que medía entre 13 y 17 m.

¿Y EL REPTIL VOLADOR MÁS GRANDE?

El **Quetzalcoatlus** tenía una envergadura alar de 11 m (¡como un caza de combate!), unos 8 m de largo y un peso de 200 kg, pero podía volar rápido, a 80 km/h.

¿Cómo eran los más originales?

¿DINOSAURIOS CON CRESTA?

Si alguien tenía estilo propio en el Triásico era el **Dilophosaurus.** Sin complejos, se paseaba por ahí con una doble cresta semicircular que no sabemos para qué servía.

SOY TENDENCIA.

¿DINOSAURIOS CON PICO DE LORO?

Así es. El **Psittacosaurus** tenía una boca parecida a la de las tortugas actuales, una especie de pico óseo con el que cortaba las plantas, ya que era vegetariano. Pero lo más curioso no era ni siquiera el pico, sino el penacho de plumas de su cola.

¡VAYA ABANICO!

¿DINOS CON CUERNOS?

El famoso **Triceratops** se protegía el cuello con un gran volante óseo y contaba con tres cuernos en la cabeza: uno en el hocico y los otros dos sobre los ojos. Necesitaba esa apariencia feroz porque no lo era: pastaba la vegetación baja como un tranquilo rinoceronte del Cretácico.

¿QUIÉNES IBAN CON CORAZA?

Los dinosaurios blindados eran lentos y torpes, pero con un aspecto imponente. Tan compactos y pesados como el **Sauropelta,** con el cuerpo lleno de placas óseas y dos hileras de espinas en el cuello, o el **Ankylosaurus,** que tenía púas, placas y protuberancias en el cuerpo, y una cola terminada en una maza para aplastar a quien le molestase.

SOY COMO UN AVESTRUZ PRIMITIVO...

¿UNA GALLINA CRETÁCICA?

Más bien un emú. El **Citipati** fue un dinosaurio muy parecido a algunas aves actuales. Tenía una cresta en la cabeza, pico, el cuello largo y plumas.

¿ERA REALMENTE UN DINOSAURIO?

El **Archaeopterix** estaba a medio camino entre los dinosaurios y las aves modernas... ¿Era el eslabón perdido entre los dos? Solo sabemos que vivió en el Jurásico, que tenía más o menos el tamaño de un cuervo y tenía plumas, pero también dientes y cola ósea.

¿UN DINOSAURIO CON ALTAVOZ?

Este extraño herbívoro, el **Parasaurolophus,** llevaba un adorno en la cabeza muy especial, parecido a un esnórquel de buceo. En realidad, era un tubo por el que podía emitir sonidos como un megáfono.

¡UN, DOS, PROBANDO, PROBANDO!

¡PLOF!

13

¿QUÉ DINO TUVO MUY MALA FAMA?

El nombre del pobre **Oviraptor** significa «ladrón de huevos» y se lo pusieron porque encontraron su fósil junto a un nido con huevos y supusieron que había ido allí a comérselos. Nada más lejos de la verdad: era su propio nido y sus propios hijos y él, un papá dedicado.

¿Dinosaurios por aire y por mar?

¿LOS DINOSAURIOS TENÍAN PLUMAS?

¡Sí! Muchos dinosaurios tenían plumas o **protoplumas** (filamentos primitivos); por ejemplo, el famoso *Velociraptor* tenía plumas en los brazos. No se sabe muy bien para qué, quizá servían para resultar más atractivos, como los pavos reales hoy, o para asustar a sus enemigos.

¡MI TATARABUELO PARECÍA UN LAGARTO!

Saurischia

Ornistichia

¿LOS DINOSAURIOS SON LOS ANCESTROS DE LAS AVES?

Hubo dos órdenes entre los dinosaurios: los **Saurischia,** que significa «cadera de lagarto», y los **Ornistichia,** que significa «cadera de ave». Te sorprenderá, pero las aves forman parte de los *Saurischia* y no es que desciendan de los dinosaurios, sino que... ¡SON dinosaurios vivos!

¿CÓMO ECHARON A VOLAR?

Es probable que empezaran saltando de un árbol a otro, planeando y luego volando. Fueron evolucionando durante millones de años hasta conseguir la eficacia de las aves voladoras actuales. Los dinosaurios del género *Aurornis* ya no tenían dientes en el pico y la cola era más corta y con forma de timón.

¡¡YUUPIIIIIIIII!!

¿CÓMO ERA EL PTEROSAURIO?

Para empezar, NO era un dinosaurio, sino un reptil volador, ¡los primeros vertebrados voladores! Fíjate en sus alas: eran una extensión membranosa parecida a la de los murciélagos hoy en día. El *Quetzalcoatlus* de la página 11 era un pterosaurio y este que ves aquí era su primo pequeño: un pterodáctilo de solo 1,5 m de longitud.

¿QUIÉN ERA EL MOSASAURIO?

Otro aterrador reptil marino. Parecía un lagarto gigantesco (¡hasta 17 m de largo!) con grandes dientes y aletas. Vivía cerca de la orilla, como los cocodrilos hoy.

¡ÑAM, ÑAM!

¡CUELLO DE SERPIENTE!

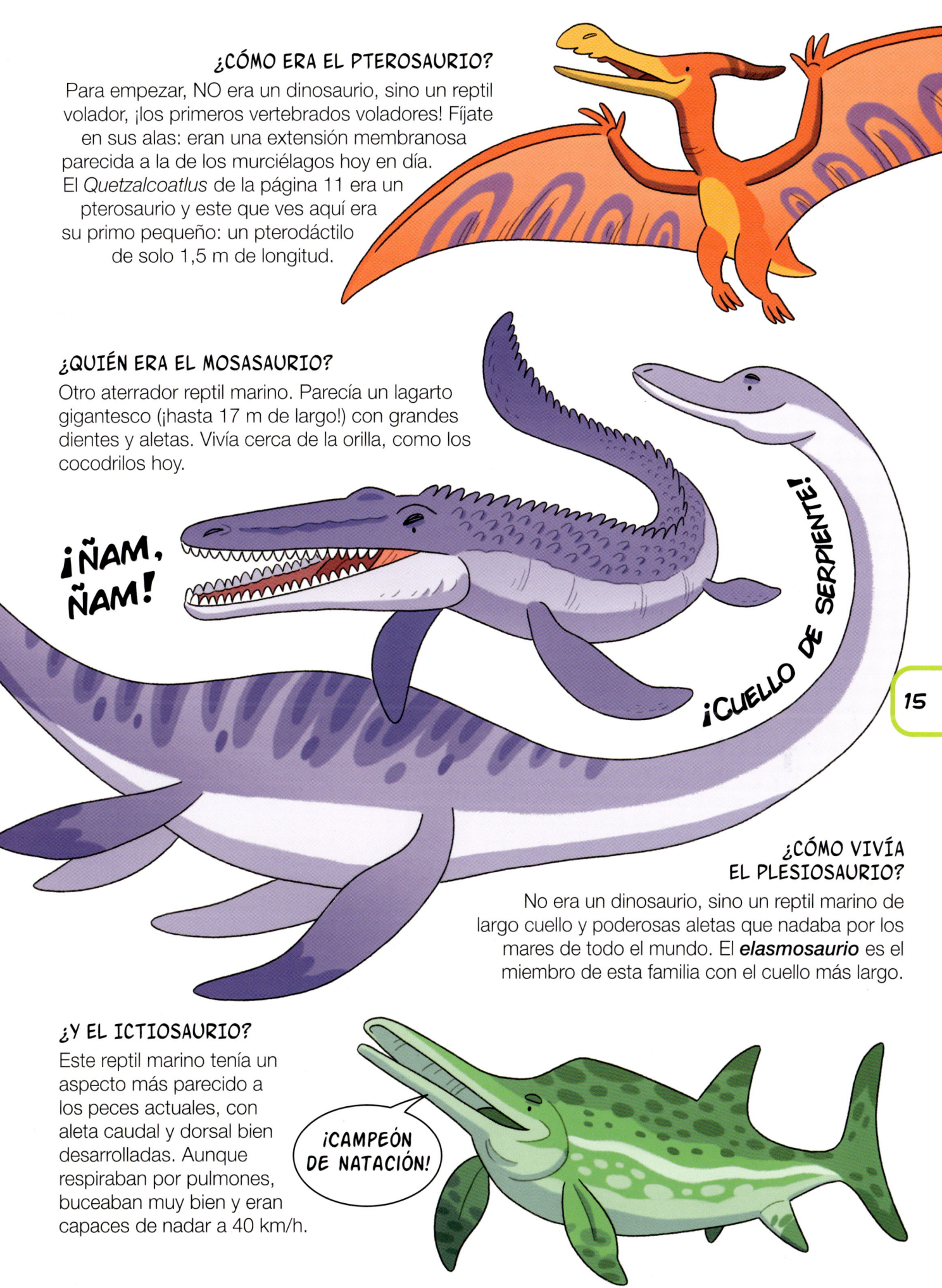

15

¿CÓMO VIVÍA EL PLESIOSAURIO?

No era un dinosaurio, sino un reptil marino de largo cuello y poderosas aletas que nadaba por los mares de todo el mundo. El **elasmosaurio** es el miembro de esta familia con el cuello más largo.

¿Y EL ICTIOSAURIO?

Este reptil marino tenía un aspecto más parecido a los peces actuales, con aleta caudal y dorsal bien desarrolladas. Aunque respiraban por pulmones, buceaban muy bien y eran capaces de nadar a 40 km/h.

¡CAMPEÓN DE NATACIÓN!

Los animales

16

¿Cuáles son los tipos de animales?

¡NO SOMOS NADA!

¿QUÉ ES UN ANIMAL VERTEBRADO?

Son aquellos animales que tienen **columna vertebral,** de los cuales hay más de 72 000 especies en el mundo, entre ellas nosotros, los *Homo sapiens.*

¿QUÉ TIPOS DE VERTEBRADOS HAY?

Hay cinco grandes grupos de animales vertebrados, que son: las **aves,** los **anfibios,** los **peces,** los **reptiles** y los **mamíferos.**

Aves

Anfibios

Peces

Reptiles

Mamíferos

17

¿QUÉ ES UN INVERTEBRADO Y QUÉ TIPOS HAY?

Los invertebrados no tienen columna vertebral y son la mayor parte de los animales del planeta: ¡el 95 %! Hay seis grandes grupos: los **artrópodos,** los **anélidos,** los **moluscos,** las **esponjas,** las **medusas** y los **equinodermos.**

¿LO ENTIENDES MEJOR CON EJEMPLOS?

Un artrópodo es un insecto, un anélido es un gusano, un molusco es un caracol, esponjas y medusas ya sabes lo que son y un equinodermo es una estrella de mar.

Gusano
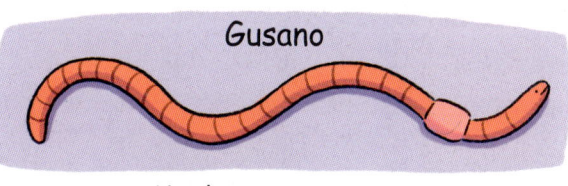

Esponjas

Medusas

Insecto

Caracol

Estrella de mar

¿Qué comen los animales?

¿QUÉ ES UN HERBÍVORO?

Un animal que come vegetales, por ejemplo, una vaca. Pero los hay muy caprichosos con el menú, por ejemplo algunos solo comen hojas (son **folívoros),** y otros solo comen fruta **(frugívoros),** semillas **(granívoros),** raíces de las plantas **(rizófagos)** o que solo chupan el néctar de las flores **(nectarívoros).**

SOY UN GOURMET.

¡CUIDADO CON LAS SILLAS!

¿CUÁL ES EL HERBÍVORO MÁS ORIGINAL?

Los **xilófagos** se alimentan de… ¡madera! Por ejemplo, las termitas. Viven en colonias de hasta tres millones de individuos y su termitero puede llegar a los 9 m de altura.

¿QUÉ COMEN LOS CARNÍVOROS?

Carne. Pero no necesariamente un chuletón, sino cualquier animal, por ejemplo, peces **(piscívoros),** insectos **(insectívoros)** o plancton **(planctónicos).**

LOS GATOS DE CABEZA PLANA SOMOS PISCÍVOROS.

¿CUÁLES SON LOS CARNÍVOROS MÁS RAROS?

Los **carroñeros** te van a dar un poco de asco, porque se alimentan solo de animales muertos… ¡Comen cadáveres! Por ejemplo, los buitres. Tampoco te apetecerá el menú de un **mirmecófago,** un animal que solo come hormigas, como el famoso oso hormiguero.

¡SLURP!

¿QUÉ ES UN ANIMAL OMNÍVORO?

Aquel que se alimenta tanto de carne como de vegetales. Son animales que se adaptan a cualquier circunstancia, como los ratones, las gaviotas o los seres humanos (siempre que no sean veganos).

DANOS UN POCO, ¡NO?

¡SCRACHT!

¡SCRACHT!

¡SCRACHT!

¿Y QUÉ COME UN PARÁSITO?

La mayor parte de estos animalitos se alimenta de... ¡sangre! Son bastante caraduras porque viven a expensas de otro animal, por ejemplo, las pulgas o los piojos.

¡GRACIAS, LOMBRIZ!

¿QUÉ COMEN LOS ANIMALES DESCOMPONEDORES?

Se alimentan de restos de materia orgánica, como, por ejemplo, hojas secas. Son muy importantes para el equilibrio natural porque ayudan a limpiar los restos de otros seres vivos. Un descomponedor muy común es la lombriz de tierra.

¿CUÁL ES EL PEOR MENÚ DEL REINO ANIMAL?

Los animales coprófagos comen los excrementos de otros animales. Literalmente, se alimentan de caca. Por ejemplo, ahí tenéis al escarabajo pelotero empujando una bola de estiércol.

¿TE APETECE UN MORDISQUITO?

19

¿Cómo duermen?

¿QUÉ HACE LA JIRAFA CON EL CUELLO CUANDO DUERME?

Las jirafas duermen poco y de pie, pero si se sienten absolutamente seguras, se tumban y doblan su largo cuello colocando la cabeza sobre los cuartos traseros.

¿QUÉ ANIMAL SE ECHA LA SIESTA MÁS LARGA?

El león macho pasa entre 18 y 20 horas durmiendo al día, aunque si han comido mucho pueden dormir… ¡un día entero!

¿CUÁL ES EL ANIMAL TERRESTRE QUE DUERME MENOS?

El elefante africano solo duerme dos horas al día divididas en siestas de unos 15 minutos, de pie. Eso sí, cada tres o cuatro días se tumban a dormir una hora de sueño reparador.

¿POR QUÉ DORMIR DE PIE?

Los animales que viven en campo abierto, como cebras y gacelas, están siempre atentos a los ataques de los depredadores, por eso duermen poco y de pie, para poder salir huyendo.

¡¡GLUPS!! CUALQUIERA SE FÍA…

¿CÓMO Y CUÁNDO DUERMEN LOS RINOCERONTES?

Duermen de pie o acostados, hasta ocho horas diarias, a intervalos. Pero si se trata de un sueño profundo, se acuestan con las patas ligeramente curvadas a un lado.

¿DUERMEN LOS PÁJAROS EN PLENO VUELO?

Los pájaros que migran y recorren largas distancias dejan de dormir hasta que completan su recorrido, por extenso que sea, ¡uf, qué cansado!

¡¡GANÉ!! SOY EL MEJOR

ZZZZZZZZzz

¿HAY ANIMALES SONÁMBULOS?

¡Sí! Ha habido casos de perros y gatos que se movieron y caminaron por la noche dormidos.

¿QUÉ ANIMAL ES EL QUE MÁS DUERME?

A pesar de su nombre, no es el perezoso, que «solo» duerme entre 10 y 14 horas diarias, sino el koala, con 14,5 horas y el murciélago café, con 20 horas diarias. ¡Campeones de sueño!

¿POR QUÉ A LAS NUTRIAS LES GUSTA DORMIR DE LA MANO?

Porque así se aseguran de que las corrientes marinas no puedan separarlas y se sienten más seguras.

¿POR QUÉ LOS DELFINES DUERMEN CON UN OJO ABIERTO Y OTRO CERRADO?

Porque necesitan salir a respirar cada 15 minutos y, para no ahogarse, desactivan uno de los hemisferios cerebrales, incluso cerrando el ojo correspondiente, mientras el otro permanece despierto.

¡SIEMPRE JUNTAS!

¿LOS PECES DUERMEN BAJO EL AGUA?

No exactamente, pero sí reducen su actividad y su metabolismo al mínimo cuando están «dormidos».

¿Cómo se mueven?

¿QUIÉNES CAMINAN SOBRE DOS PATAS?

Los **animales bípedos** pueden ser mamíferos, aves y hasta reptiles. El mejor ejemplo somos los seres humanos o nuestros parientes, los simios. Pero hay otros muchos, como las aves en general o la suricata. El lagarto basilisco puede correr sobre dos patas tan rápidamente y con tanta habilidad como para hacerlo sobre el agua… ¡sin hundirse!

¡¡YEEEHAAAH!!

¡SPLASH!

¿CÓMO CAMINAN POR TIERRA?

La mayor parte de los animales terrestres son **cuadrúpedos,** es decir, tienen cuatro extremidades y suelen caminar sobre sus cuatro patas. Elefantes, caballos, perros, gacelas o cocodrilos, por ejemplo, caminan así.

22

¿CÓMO NADAN LOS PECES?

Los peces se han adaptado al medio acuático: son largos para reducir la resistencia al agua, tienen **branquias** para respirar y **aletas** para nadar, propulsarse o guiarse. ¡No te pierdas! La aleta **caudal** es la de la cola, las **dorsales** están en la parte superior del cuerpo, las **anales** en la parte inferior y las **pectorales** a los lados. ¡Buen diseño!

¿HAY MÁS FORMAS DE DESPLAZARSE POR EL AGUA?

Algunos animales como la medusa, el pulpo o el calamar tienen una cavidad en su cuerpo que llenan de agua para luego soltarla de golpe y poder avanzar: es la **propulsión** a chorro.

¡QUÉ LISTOS!

¿CÓMO VUELAN LAS AVES?

Incluso aves tan grandes y pesadas como el cóndor vuelan con ligereza. Para empezar, tienen huesos huecos que casi no pesan y músculos pectorales muy fuertes para batir sus alas. Inician el vuelo con un gran impulso y luego planean aprovechando las corrientes de aire, usando la cola como timón.

¡SOMOS AERODINÁMICAS!

¿Y LOS INSECTOS?

Los pequeños insectos no mueven las alas arriba y abajo como las aves, sino hacia delante y atrás, eso les da una gran fuerza ascendente para sostenerse en el aire.

¿CÓMO SE MUEVE UN ANIMAL SIN PATAS?

Serpientes, culebras y gusanos no tienen patas, pero se mueven con gran rapidez reptando; es decir, arrastrando el cuerpo de un modo muy peculiar: lo van ondulando en los laterales para avanzar en zigzag.

¡NO NECESITAMOS ZAPATOS!

¿SALTAR EN LUGAR DE CAMINAR?

Sí. El canguro es muy torpe para caminar, así que usa trucos: dar grandes saltos para desplazarse o usar su fuerte cola para apoyarse e impulsarse. Otra que prefiere saltar a caminar es la rana, pero ella es una deportista de primera: puede caminar, saltar, correr, nadar y hasta escalar. ¡Premio olímpico animal!

¿QUIÉNES TREPAN?

Es el caso de casi todos los monos, del koala o del perezoso. Los hay habilidosos que trepan si lo necesitan, como el gato, la serpiente o la araña. Y luego está el verdadero Spiderman del mundo animal: el gecko, un lagarto con ventosas en las patas para sujetarse incluso boca abajo en cualquier superficie.

NO ME AFECTA LA LEY DE LA GRAVEDAD.

¿Les gusta viajar?

¿QUÉ ES LA MIGRACIÓN ANIMAL?

Es un gran viaje colectivo de una especie animal que se desplaza buscando ventajas para su supervivencia, como puede ser encontrar el lugar ideal en el que buscar comida, aparearse, criar, buscar el buen tiempo, etc.

¿CÓMO VUELAN LAS AVES MIGRATORIAS?

Muchas aves viajan con una **formación en «V»**, de tal manera que un ave se coloca en primer lugar, en el vértice, a esa la secundan otras dos, una a cada lado, y así sucesivamente hasta formar una inmensa «V» o punta de flecha en el cielo. La primera ave se va turnando con otras en un trabajo en equipo perfecto que hace que todos se cansen menos.

¡SIGUE LA FLECHA!

¡SOMOS AVES ASTRONAUTAS!

24

¿A QUIÉN LE GUSTA VOLAR DE NORTE A SUR?

Muchas aves se desplazan en busca de calor, pero la más famosa es el **charrán ártico,** que viaja desde el Ártico hasta el Antártico todos los años para vivir siempre en verano. En su vida, el viajero charrán hará tantos kilómetros como si fuera y volviera a la Luna: ¡unos 800 000 km!

¿QUIÉN SE MUEVE POR LA COMIDA?

Más de un millón de **ñus** cruzan el río Mara desde Tanzania hasta Kenia para buscar su plato preferido: hierba fresca. Después regresan de nuevo en un viaje con sus crías de unos 2 800 km al año.

¿Y QUIÉN SE MUEVE POR EL AGUA?

Los **elefantes** africanos viven en la sabana y en la temporada seca se mueven al lugar en el que hay lluvias y agua. La manada se pone en marcha y camina en fila, sujetándose a la cola del elefante que va delante, y a pesar de ser tan grandes y pesados, son capaces de caminar hasta 100 km.

¿UN GRAN VIAJE POR LA FAMILIA?

Cuando los **salmones** alcanzan la edad para reproducirse, cada verano abandonan el mar y migran hasta los ríos de Alaska. Tienen que nadar contracorriente, saltar cascadas y evitar a los osos que quieran pescarles para darse un buen festín, pero si lo consiguen, pondrán miles de huevos y tendrán miles de hijos.

¿CUÁL ES LA MIGRACIÓN MÁS HERMOSA?

Las **mariposas monarca** prefieren hibernar en un clima seco y calentito, así que vuelan cada año desde Estados Unidos y Canadá hasta México en un viaje de más de 4 000 km. Verlas es un espectáculo precioso: ¡miles de coloridas mariposas revoloteando!

¡FLAP!

¡FLAP!

¿QUÉ MAMÁ ES UNA GRAN VIAJERA?

Cuando nacen, las **tortugas marinas** tienen que correr desde el huevo (en la playa) hasta el agua del mar. Los machos ya nunca volverán a tierra, y las hembras regresarán para poner huevos en la playa en la que nacieron.

¡TODO POR MIS PEQUEÑINES!

¿Cómo son sus familias?

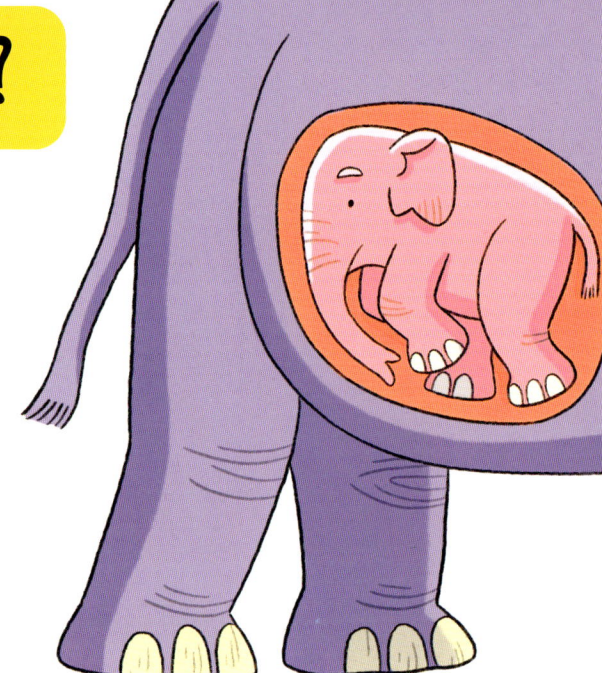

¿QUÉ MAMÁ TIENE EL EMBARAZO MÁS LARGO?

Mamá **elefante** es el mamífero con el embarazo más duradero: ¡hasta dos años de gestación! Claro que cuando su «pequeño» nace es un bebé de unos 100 kg de peso que necesitará unos 11 litros de leche diarios para alimentarse.

¡TENGO 2 000 HERMANITOS!

¿HIJO ÚNICO, GEMELOS O FAMILIA NUMEROSA?

Elefantes y rinocerontes suelen tener una sola cría, mientras que el oso polar suele tener gemelos. Sin embargo, los animales más pequeños acostumbran a tener familias numerosas, entre las que destacan los conejos o los ratones. El premio de natalidad del reino animal se lo lleva el **caballito de mar:** ¡hasta 2 000! ¡Y es el papá el que los tiene!

¿QUIÉNES SON LOS PAPÁS MÁS DEDICADOS?

La mayor parte de los machos se desentienden de sus crías, pero hay alguno que merece una felicitación, como el **pingüino emperador,** que se hace cargo de proteger y dar calor al huevo durante dos meses, sin moverse ni para comer.

¿CÓMO FUNCIONA UNA MANADA DE LOBOS?

Los lobos viven en familias llamadas manadas, que normalmente van de seis a 20 lobos. Se organizan por medio de una **pareja alfa** (macho y hembra) que guían a los demás y todos juntos se desplazan, cazan y cuidan de los lobeznos.

¡FELIZ DÍA DEL PADRE!

¡AÚÚÚÚ!

¿QUÉ OTROS TIPOS DE FAMILIAS HAY?

Los animales que tienen comportamientos sociales prefieren vivir en grupo. Lobos y otros animales salvajes viven en **manadas**; ovejas y animales domésticos, en **rebaños.** Los pájaros pueden formar una **bandada** y los peces, un **banco:** vuelan o nadan todos sincronizados para protegerse de los depredadores.

¡TODOS JUNTITOS!

¿HAY ANIMALES SIN FAMILIA?

Algunos animales son muy solitarios, les gusta ir y venir sin que nadie les moleste y solo se acercan a alguno de su especie para procrear. Es el caso del **guepardo,** el **tigre** o el **zorro…** Aunque hay que decir que con sus cachorros son muy cariñosos.

27

NO MOLESTAR

¿QUÉ ANIMALES SON LOS MÁS FIELES A SU PAREJA?

Hay animales tan románticos que pasan toda su vida con un único novio o novia. Por ejemplo, las **tórtolas** se emparejan para siempre y se hacen muchísimas muestras de cariño: ¡son unos tortolitos! Los **cisnes** también lo hacen.

¡EL AMOR DE MI VIDA!

¿Cómo se relacionan?

¿LA UNIÓN HACE LA FUERZA?

Ya hemos visto que los animales sociales viven en grupos o familias, aprenden a convivir juntos y distribuyen el trabajo. Decimos que los animales de la misma especie que hacen eso tienen una **relación de cooperación**.

¡SOMOS COLEGAS!

¿QUÉ ANIMALES SON ENEMIGOS?

Hay animales que se llevan fatal, como ocurre con cualquier **presa** con su **depredador**. Pero es lógico: ¿cómo va a llevarse bien una cabra con un lobo? ¡Si se la quiere comer!

Y YO A TI, GUAUUUU.

MIAUUUU...

¿COMO EL PERRO Y EL GATO?

Los animales en general no se odian, simplemente **compiten** entre sí por el territorio o por la comida, como les ocurre a los leones y las hienas. Si el perro y el gato tienen su propia comida y atención en casa, se suelen hacer amigos.

¿QUÉ ANIMAL ES UN OKUPA?

El cangrejo ermitaño aprovecha los caparazones vacíos de los caracoles marinos para meterse a vivir dentro bien protegido. Esta relación animal en la que uno sale beneficiado sin hacer daño al otro se llama **comensalismo**.

¡VAYA CASITA MÁS RARA!

¿Y CUÁL TIENE CHÓFER?

Otro caso de comensalismo es el de la rémora con el tiburón. Ella se adhiere al cuerpo del tiburón para viajar más deprisa y además aprovecha los restos de comida que va dejando: chófer y cocinero a su servicio.

¡NO SE TE OCURRA CERRAR!

¿EL COCODRILO VA AL DENTISTA?

Es el dentista el que va al cocodrilo… El pluvial es una avecilla que se posa en las fauces abiertas del cocodrilo para comerse los restos de comida que tiene entre los dientes. De este modo, el cocodrilo recibe una limpieza dental y el pluvial tiene la comida asegurada, un beneficio para los dos que se llama **mutualismo.**

¿CUÁL ES EL MEJOR AMIGO DEL PEZ PAYASO?

¡La anémona! Aunque tiene tentáculos venenosos, el pez payaso es inmune y la elige para vivir seguro. A cambio de ese contrato de alquiler, el inquilino mantiene a la anémona limpia de parásitos.

HOGAR, DULCE HOGAR.

¡VAYA CARADURA!

¿CUÁL ES LA ESTRATEGIA DEL CUCO?

La picardía del cuco es increíble: la hembra pone un huevo en el nido de otro pájaro y se marcha sin preocupaciones porque sabe que su huevo lo incubará otra mamá. Pero es que cuando el pequeño cuco nace, tira los huevos de sus hermanastros para comerse él solo lo que debería compartir con su familia adoptiva. A esta relación en la que uno se beneficia dañando a otro la llamamos **parasitismo.**

¿Cuáles están en peligro de extinción?

¿CUÁNTOS SON?

¡Muchos! Existen más de siete millones de especies animales en el mundo y el 20 % están en peligro de extinción, es decir, unas 5 000 especies están a punto de desaparecer.

¿CUÁL ES EL MÁS FAMOSO?

El **oso panda** es el emblema de los animales en peligro de extinción: solo quedan unos 2 000 viviendo libres en la naturaleza. Es verdad que se reproduce con dificultad, pero nuestra contaminación está acabando con su fuente de comida: el bambú.

¿CUÁNTOS GORILAS QUEDAN?

Solo quedan unos 1 000 gorilas de montaña en libertad en las selvas tropicales de África. La tala de árboles, la destrucción de su hábitat, la caza y las enfermedades son una gran amenaza para ellos.

¿PUEDE DEFENDERSE EL PANGOLÍN?

Este pacífico animalito ha sobrevivido haciéndose una bola y protegiéndose con su armadura externa de escamas de queratina. No tenía enemigos, por ser demasiado duro... Pero no contaba con que un humano podía simplemente cogerlo y llevárselo para comerlo o para comerciar con sus escamas.

¿QUÉ OCURRIRÁ SI DESAPARECEN LAS ABEJAS?

Las abejas ya no son una familia tan numerosa: la contaminación y los pesticidas han reducido el número de abejas en el mundo y eso es un gran problema porque... ¡son grandes **polinizadoras!** Sin ellas, nos quedamos sin cultivos.

¿SE LE FUNDE LA CASA AL OSO POLAR?

¡Sí! El **calentamiento global** está haciendo desaparecer el hielo del Polo Norte, eliminando su hábitat.

¡NO ME GUSTA EL CALOR!

SE BUSCA

¿HAY CADA VEZ MENOS TIGRES?

Sí, solo quedan unos 3 200 tigres en el mundo. El felino más grande se está quedando sin selva por culpa de la **deforestación** y tiene que huir de los cazadores que le buscan para conseguir su hermosa piel.

¿POR QUÉ SE EXTINGUE EL AJOLOTE?

Este encantador anfibio puede regenerar su cuerpo si se daña o se corta y es mil veces más resistente al cáncer que un mamífero… ¡Pero puede extinguirse por culpa de los fertilizantes, la basura y los pesticidas!

¡SOCORRO!

¿QUÉ PODEMOS HACER?

Muchos pequeños gestos pueden conseguir grandes cosas en la lucha contra la contaminación y el calentamiento global: vete en bici o caminando, baja la calefacción y el aire acondicionado, apaga lo que no estés usando, no dejes basura en los bosques y las playas, recicla…

¡JUNTOS PODEMOS!

31

¿Qué récords tienen?

¿CUÁL ES EL ANIMAL MÁS GRANDE DEL MUNDO?

Sin duda, la **ballena azul:** este «animalito» tiene 29 m de longitud y un peso de 180 toneladas. Para que te hagas a la idea, necesitas 33 elefantes (que es el animal terrestre más grande) para alcanzar el peso de una sola ballena.

¡SOY UN COLOSO!

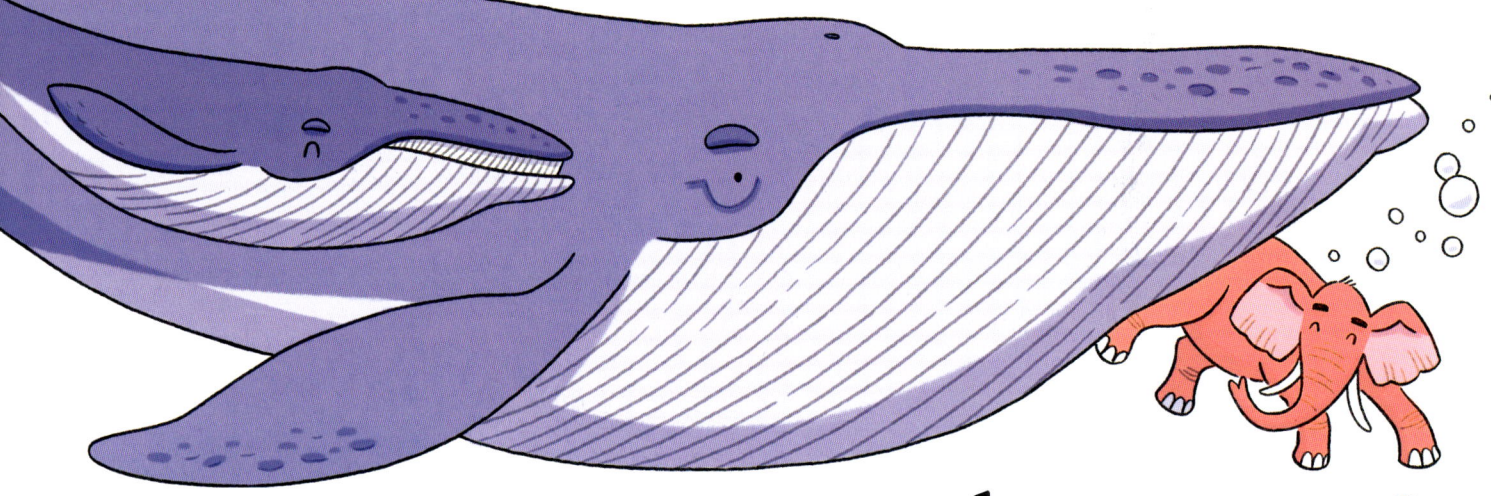

¿QUÉ ANIMAL VIVE MÁS TIEMPO?

El matusalén del reino animal es… **¡una esponja!** Porque sí, las esponjas son animales. Y las esponjas *Monorhaphis chuni* pueden vivir ¡hasta 11 000 años!

CUANDO YO TENÍA TU EDAD…

¡HOLA!

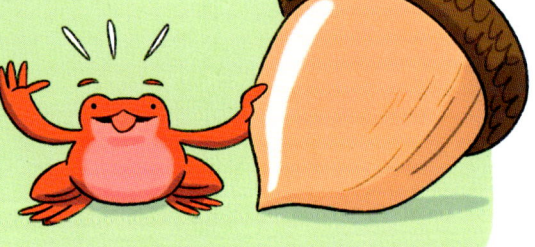

¿Y EL MÁS PEQUEÑO?

El animal vertebrado más pequeño es la **rana *Paedophryne amauensises,*** que vive en Papúa Nueva Guinea y solo mide 7,7 mm… ¡Más o menos como una mosca! ¡Pero puede saltar hasta 30 veces su propia longitud!

¿QUIÉN ES EL MÁS RÁPIDO?

Por tierra, el **guepardo** es imbatible, con un esprint de 110 km/h, pero por el aire, el **halcón peregrino** es capaz de caer en picado sobre una presa ¡a más de 300 km/h!

¡SUPERA ESO!

NO TENGO PRISA...

¿Y EL MÁS LENTO?

Ni tortugas ni caracoles…
¡El más lento es el **perezoso**!
Sus «supersónicos» 0,020 km/h
hacen honor a su nombre.

RIIIINNGG

¿QUÉ ANIMAL ES EL MÁS FUERTE?

Sorprendentemente, es muy pequeño…
El **escarabajo Hércules** puede sostener
hasta 850 veces su propio peso. ¿Podrías
tú levantar a 850 amigos como tú?

¡HOP!

¿QUÉ ANIMAL TIENE MEJOR VISTA?

El **águila real** puede distinguir todos los
detalles a 3 km de distancia. Por su parte,
el **búho** es el que
mejor ve de noche.

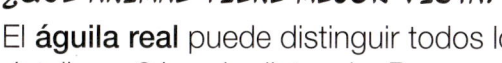

¡MUCHO OJO!

¿QUIÉN SALTA MÁS?

¡**La pulga**! Un salto de unos 20 cm. ¿Te
parece poco? Piensa que es un salto
inmenso para ella: ¡100 veces su estatura!

¡DOBLE TIRABUZÓN!

¿CUÁL ES EL ANIMAL QUE HUELE PEOR?

La **mofeta** tiene este récord tan repugnante.
Cuando se siente en peligro, echa un espray
químico que deja medio ciego y ahogado a
cualquiera. Es asqueroso, pero eficaz, porque
ahuyenta a sus enemigos.

¡PFFFFFFFF!

¿Cuáles son los ecosistemas?

¿QUÉ ES UN ECOSISTEMA?

El ecosistema incluye todos los organismos vivos así como el lugar en el que viven; es decir, una unidad de seres vivos que comparten un mismo **hábitat.**

¿QUÉ TIPOS HAY?

Los dos principales son el ecosistema **acuático** y el **terrestre,** pero dentro de ellos hay más. El ecosistema acuático lo forman las **aguas saladas** (océanos y mares) y las **aguas dulces** (como ríos y lagos); el terrestre, selvas, bosques, praderas, la sabana, la tundra o el desierto. También hay ecosistemas mixtos, como, por ejemplo, la **costa.**

¿QUÉ CAMBIA DE UN ECOSISTEMA A OTRO?

Cada ecosistema tiene distinta temperatura, humedad, altitud… Y por eso, su **flora y fauna,** es decir, los animales y las plantas que viven allí, son muy diferentes. Por ejemplo, en un desierto encontrarás cactus y serpientes, mientras que en el Polo verás masas de hielo y pingüinos.

¡VAYA CONTRASTE!

SOMOS UNA GRAN FAMILIA.

¿HAY ECOSISTEMAS ARTIFICIALES?

Sí. Los que hemos construido los **humanos,** por ejemplo, un embalse, una granja o simplemente, una ciudad.

¡NOSOTROS FORMAMOS PARTE DE ÉL!

¿QUÉ ES UN ECOSISTEMA MICROBIANO?

El que forman minúsculos organismos **microscópicos** en cualquier ambiente. Un ejemplo es la flora intestinal. ¡Sí! Dentro de ti, en tu intestino, viven unas 2 000 especies de bacterias que te ayudan a mantenerte sano.

¿Cómo son los árboles?

¿CUÁNTOS ÁRBOLES HAY EN EL MUNDO?

El 25 % de las plantas del planeta son árboles y son una familia enorme… ¡Hay unas 100 000 especies! Pero es que necesitamos muchos: cada día, una sola persona necesita el oxígeno de 22 árboles para respirar.

¿CUÁLES SON LAS PARTES DE UN ÁRBOL?

Son tres: **raíces, tronco y copa.** La raíz es subterránea, se sujeta al suelo y toma de él el agua y los minerales que necesita para vivir; el tronco es el tallo grueso y leñoso; y la copa, donde crecen ramas, hojas, flores y frutos.

¡SON UN MONTÓN! PERO DEBERÍAN SER MÁS…

¿CUÁNTO MIDE UN ÁRBOL?

Depende mucho de la edad y el tipo; los árboles más pequeños suelen medir menos de 10 m, pero hay **secuoyas** que superan fácilmente los 90 m de altura.

¿CUÁNTO TARDA EN CRECER UN ÁRBOL?

Pues depende del tipo de árbol, pero pongamos de ejemplo un pino, que es uno de los árboles más comunes del mundo. Crece unos 50 cm cada año y puede llegar a tener unos 30 m de altura. Si esto no te sorprende, prepárate: ¡puede vivir hasta 500 años!

¡HOLA, PEQUEÑINES!

36

¿CÓMO SABEMOS LA EDAD DE UN ÁRBOL?

Al cortar un árbol se pueden ver una serie de anillos en el interior del tronco; cada uno de esos anillos representa un año y hay que contarlos desde dentro hacia fuera.

¡Cuidado, la corteza no cuenta como anillo!

¿CUÁNTOS TIPOS DE ÁRBOLES HAY?

A los árboles que se les caen las hojas cuando llega el frío los llaman árboles de **hoja caduca** y a los que no las pierden, árboles de **hoja perenne.** Los árboles que dan frutos son árboles **frutales** y los que sirven para adornar jardines, árboles **ornamentales.**

¿QUÉ ES UN BONSÁI?

Es una tradición japonesa cultivar árboles controlando sus dimensiones para que sean mucho más pequeños, aunque mantengan sus características naturales. Es decir, un bonsái es exactamente el mismo árbol, pero en una versión en miniatura.

¿POR QUÉ SON IMPORTANTES LOS ÁRBOLES?

Son imprescindibles para la vida porque absorben dióxido de carbono y producen oxígeno, dan frutos, madera y sombra… ¡Y son preciosos!

¿Quieres conocer las flores?

¿QUÉ PLANTAS TIENEN FLORES?

Las plantas que crecen a partir de una semilla pueden ser de dos tipos: las **gimnospermas,** como abetos y pinos, no tienen flores, sino conos o piñas. Las **angiospermas,** como el rosal o el cerezo, tienen flores. Las hojas también son muy diferentes: las angiospermas las tienen planas y las gimnospermas con forma de aguja afilada.

GIMNOSPERMAS

YO SOY MUCHO MÁS BONITA.

ANGIOSPERMAS

¡CUIDADO CONMIGO, QUE TENGO AMIGAS QUE PINCHAN!

¿PARA QUÉ SIRVE UNA FLOR?

Las plantas tienen flores para producir semillas con las que reproducirse.

Los **estambres** son la parte masculina de la flor y en sus anteras está el polen. El **pistilo** es la parte femenina de la flor y en su interior está el ovario con los óvulos. Cuando el polen cae dentro, se produce la fecundación.

¿POR QUÉ LAS FLORES SON DE COLORES?

Una flor de color y olor intenso es más atractiva para los insectos que se posan encima y traen y llevan el **polen** de unas flores a otras permitiendo la fecundación.

38

SOY MUY ÚTIL

¡ACÉRCATE!

Pétalo

Antera
Filamento
} Estambre

Estigma

Estilo

Pistilo

Óvulo

Ovario

Sépalo

¿CUÁNTAS ESPECIES DE FLORES HAY?

Conocemos unas 250 000. Piensa que solo rosas, hay unas 35 000 especies. Flores hay de todos los tipos: con forma de tubo, de campana, flores simétricas, como la amapola, o asimétricas, como la orquídea; con los sépalos de color, como el tulipán o con distinto número de pétalos en la corola, como la violeta, con cinco, o la magnolia, que tiene hasta 12.

¡VIVA LA VARIEDAD!

¿POR QUÉ LAS NOVIAS LLEVAN UN RAMO DE FLORES?

Por culpa de una auténtica influencer de su época: la reina Victoria de Inglaterra. Se casó con el príncipe Alberto el 10 de febrero de 1840 llevando un vestido blanco y un ramo de flores y todas las demás novias la imitaron… ¡hasta hoy!

¿SON TODAS INOFENSIVAS?

¡No! No te fíes de su preciosa apariencia, hay muchas flores venenosas camuflándose en los jardines, como el rododendro, la hortensia o el crisantemo. Sin embargo, el premio a la toxicidad se lo lleva la flor de ricino, con su color rojo intenso que ya te avisa del peligro. Se mira, pero no se come.

¿QUÉ FLORES NOS COMEMOS?

Nos comemos las plantas de muchas formas: hojas (lechuga), frutos (manzana), tallos (espárragos), raíces (zanahoria), semillas (guisantes) y, por supuesto, flores, como la **alcachofa,** el **brócoli** o la **coliflor.** ¡Marchando una de flores!

UUMMMMM

¿Cómo son los frutos?

¿CÓMO SE FORMA EL FRUTO?

Cuando se fecunda la flor, en el interior del ovario, el óvulo se convierte en una semilla, se caen las hojas de la flor y se va desarrollando en distintas capas.

¿PARA QUÉ SIRVE EL FRUTO DE UNA PLANTA?

El fruto es un gran invento de la naturaleza para proteger las **semillas** y ayudar a que se dispersen y se generen nuevas plantas.

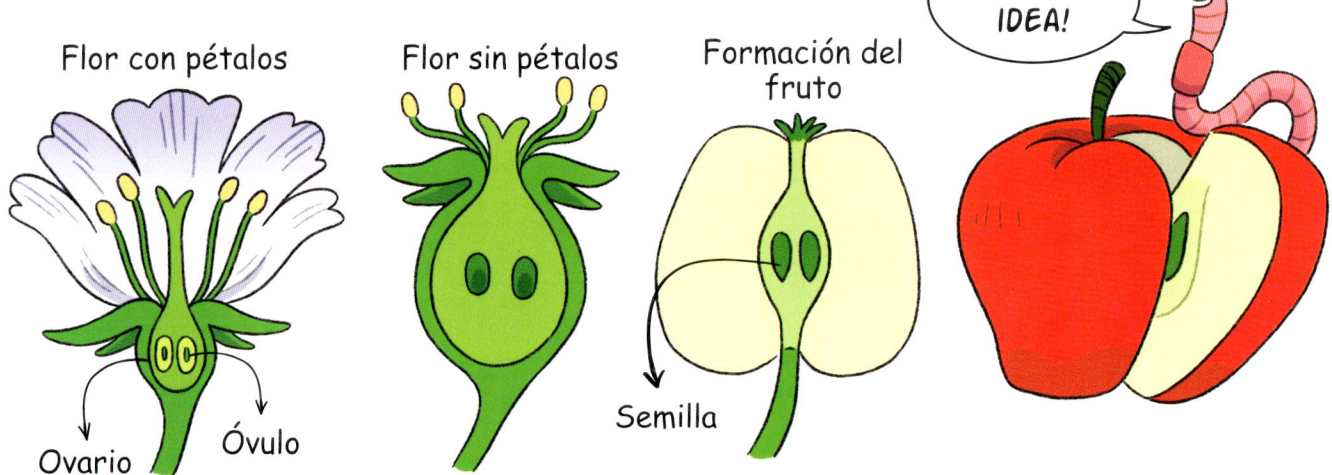

Flor con pétalos

Flor sin pétalos

Formación del fruto

Ovario

Óvulo

Semilla

¡BRILLANTE IDEA!

ÑAM, ÑAM

¿POR QUÉ MUCHOS FRUTOS SON CARNOSOS Y RICOS?

Para que los animales se los coman y luego esparzan las semillas con las heces (no pueden digerirlas). Hay muchos frutos que no pueden germinar si antes no han pasado por el intestino de un animal.

¿TODOS LOS FRUTOS FUNCIONAN IGUAL?

No, algunos ayudan a las semillas de otra manera; por ejemplo, algunos son tan ligeros que se dispersan con el viento, como el diente de león; otros se enganchan al pelo de los animales; otros se esparcen por el agua…

¡A VOLAAAAAAR!

¿QUÉ TIPOS DE FRUTOS HAY?

Pueden ser **carnosos,** como la pera; **secos,** como la almendra y **oleaginosos,** como la aceituna. Algunos contienen una sola semilla, como el aguacate; otros, muchas semillas, como los tomates. También los hay grandes como la sandía o pequeños como la mora; en racimos, como las uvas o todos juntitos, como la granada…

¡PERO TODOS ESTÁN RIQUÍSIMOS!

¿SE COME LA PIEL DE LOS FRUTOS?

No te recomendamos comer la dura piel de los frutos secos o del coco (podrías romperte los dientes), y hay frutas con pieles molestas, como el melocotón y el kiwi (¡con pelos!) o muy amargas, como la naranja, pero en general las frutas puedes comerlas con piel… ¡Siempre que las laves muy bien!

¡CATACRACK!

¿CUÁNTA FRUTA HAY QUE COMER?

Un niño debería tomar al menos **tres raciones de fruta cada día.** Una ración es, por ejemplo, una manzana o dos ciruelas o seis fresas o una rodaja de melón.

¡PARA CRECER SANOS Y FUERTES!

¿Te sabes estas curiosidades vegetales?

UN BAOBAB HACIENDO EL PINO.

¡HOP!

¿UN ÁRBOL DEL REVÉS?

Según la leyenda africana, **el baobab** era un árbol muy presumido y para darle una lección, un dios lo colocó cabeza abajo… Y es que este inconfundible y peculiar árbol parece estar del revés: ¡con las raíces al viento!

¿CUÁL ES EL ÁRBOL MÁS GRANDE DEL MUNDO?

Una secuoya llamada **Hyperion,** de 115,7 m de altura, sobresale entre todas las demás en el Parque Nacional Redwood de California. Pero cerca de él está el **General Sherman,** que, aunque es más «bajito» (solo 83,8 m), tiene más volumen: 1487 m^3; por tanto, Hyperion es el más alto y el General Sherman, el más grande.

¿CUÁL ES LA FLOR MÁS GRANDE?

En la selva tropical puedes encontrar la que llaman la «**flor cadáver**» (en realidad se llama *Rafflesia arnoldii*). Es gigantesca: hasta 91 cm de diámetro. Y encima huele fatal, a podrido o a muerto, por eso le pusieron ese mote.

CONMIGO NO HACEN PERFUMES…

¿CUÁL FUE LA FLOR MÁS CARA?

En el siglo XVII, en Holanda, el **bulbo de tulipán** se consideraba un objeto de lujo y ostentación tan codiciado que… ¡llegó a valer más que el oro! Hubo quien cambió un palacio por un bulbo de tulipán. ¡Una verdadera tulipomanía!

¿HAY FLORES ACUÁTICAS?

Sí. Entre las más bonitas está el **loto,** que vive en los estanques gracias a su laaaaaaargo tallo de hasta un metro de longitud y el **nenúfar,** muy parecido, pero con las hojas flotando, en lugar de sobresalir del agua.

SALGO EN LOS CUADROS DE MONET.

¿QUÉ FLOR DA MÁS VUELTAS?

El **girasol,** llamado así porque va girando de este a oeste durante el día buscando la luz del Sol como las agujas de un reloj.

¿CUÁL ES LA FRUTA MÁS GRANDE DEL MUNDO?

La fruta nacional de Indonesia es el **jackfruit** o **yaca,** que llega a pesar hasta 50 kg y medir casi un metro. Rugosa y con verrugas por fuera, por dentro es deliciosa y sus semillas también se pueden comer.

43

¿QUÉ ES UNA PLANTA CARNÍVORA?

Estas plantas… ¡comen carne! Tranquilo, no te van a comer a ti, comen insectos y arañas. Lo hacen atrapándolos con unas hojas-pinzas, con hojas-jarra o usando trampas parecidas.

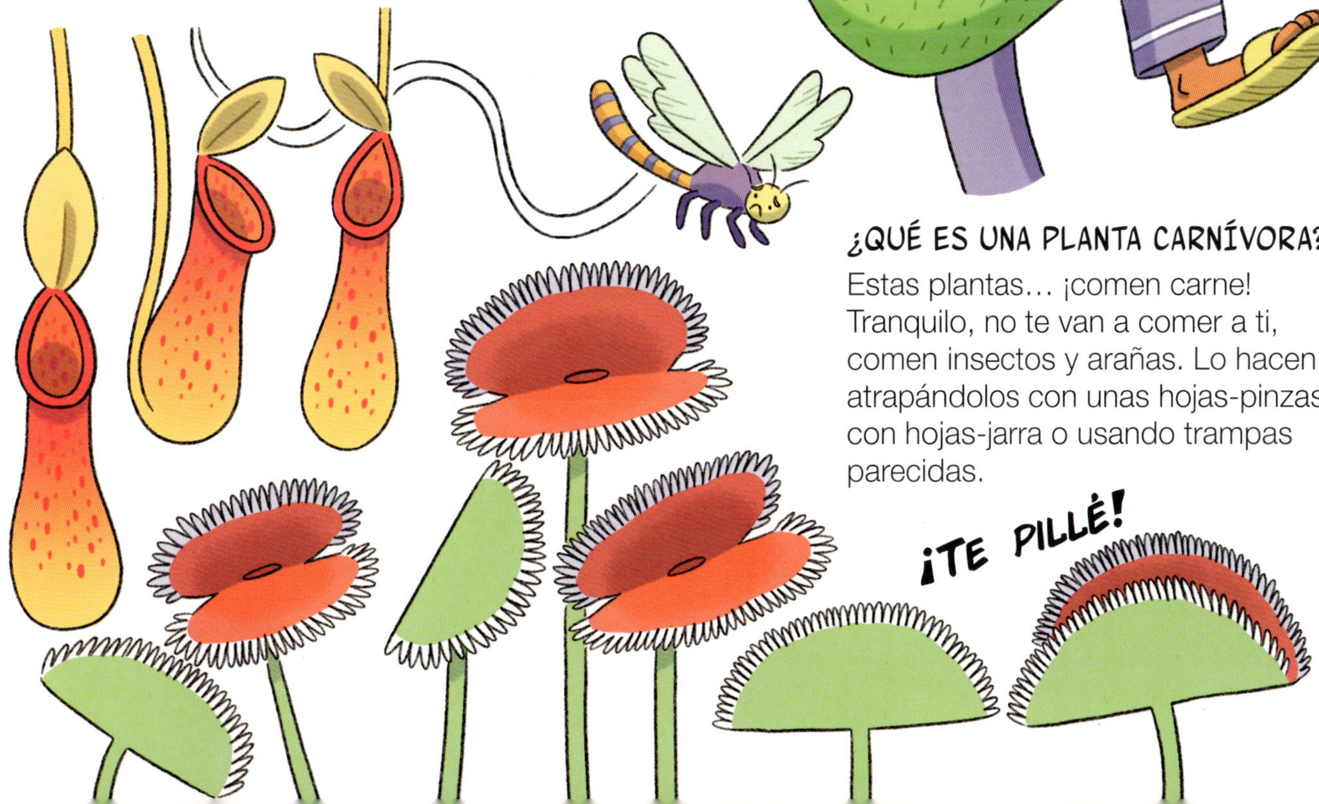

¡TE PILLÉ!

¿Vienes a conocer otras maravillas naturales?

¿PREFIERES SUBIR O BAJAR?

¿CUÁLES SON LOS PUNTOS MÁS ALTOS Y BAJOS DEL PLANETA?

La **Fosa de las Marianas,** en el océano Pacífico, tiene una profundidad de unos 10 900 m… Para que te lo puedas imaginar, piensa que la cima del mundo, el **monte Everest,** mide unos 2 000 m menos.

¿CUÁL ES EL MAYOR PULMÓN DE LA TIERRA?

¡Sorpréndete! La **Amazonia** abarca siete millones de kilómetros cuadrados y nueve países distintos. Es la selva tropical más grande del planeta, donde viven el 20 % de las plantas y las aves del planeta.

¡PROTEGE Y CUIDA LA AMAZONIA!

44

¡AAAAAH!

¿CUÁLES SON LAS CATARATAS MÁS GRANDES?

El **Salto del Ángel,** en Venezuela, tiene 979 m de altura. Le sigue **Tugela,** en Sudáfrica, con 947 m. El tercer puesto, también en África, es para las **Cataratas Victoria,** con 108 m. Las **Cataratas del Iguazú,** entre Argentina y Brasil, tienen 80 m, pero son enormes: ¡hasta 275 saltos de agua! Y, en quinto lugar, las **Cataratas del Niágara** que, a pesar de ser tan famosas, «solo» tienen 52 m de altura. Eso sí, dejan caer la increíble cantidad de 3 000 toneladas de agua por segundo.

¿DÓNDE ESTÁN LAS ROCAS MÁS INCREÍBLES?

En el **Gran Cañón** (Arizona, Estados Unidos) el río Colorado lleva millones de años desgastando el terreno y formando un cañón de 446 km de largo con una altura media de 1 300 m. También en Arizona está **Monument Valley**, el escenario de muchas películas con sus grandes «monumentos» de piedra que son el hogar de los indios navajo.

¡SILENCIO, SE RUEDA!

NOS HEMOS PUESTO MUY MORENOS.

¿EXISTE UN BOSQUE DE ÁRBOLES MUERTOS?

En el desierto de Namib está el **Death Vlei,** un lago de arcilla seco rodeado por las dunas de arena más grandes del mundo. Allí hay un bosque-cementerio, formado por cientos de esqueletos de árboles negros, que llevan unos 700 años completamente secos.

¿QUÉ ES UNA AURORA BOREAL?

En las zonas polares se pueden producir fenómenos de luminiscencia en el cielo nocturno causados por el choque de partículas solares con la magnetosfera. El cielo se ilumina con arcos, bandas y espirales brillantes en tono verdoso. Los vikingos creían que la aurora era la armadura de las valquirias y aún hoy la llaman «la dama verde».

¿CUÁL ES EL SER VIVO MÁS GIGANTESCO?

La **Gran Barrera de Coral australiana** está formada por 400 tipos de coral distintos. ¡Sí, el coral es un animal, un ser vivo!, así que podría considerarse el ser vivo más grande que existe (aunque en realidad son muchos juntos). A su vez, allí viven 1 500 especies de peces y 4 000 variedades de moluscos.

¡UNA EXPLOSIÓN DE VIDA!

El cuerpo humano

¿Cómo son nuestros sentidos?

¿CUÁNTOS SENTIDOS TENEMOS?

Tradicionalmente siempre se ha hablado de cinco sentidos: **vista, olfato, oído, tacto y gusto,** pero hay quien cree que tenemos más: **equilibrio, propiocepción** (percepción del propio cuerpo), **termorrecepción** (percepción del calor y el frío), **nocicepción** (percepción del dolor).

¿NOS ENGAÑA LA VISTA?

Uno solo de tus ojos tiene unos 130 millones de células fotosensibles, pero aun así, nunca ves exactamente la realidad, sino la composición que tu cerebro hace de ella después de procesar la información que le ha llegado de tus ojos. ¡Mentirosos!

¿HAY SENTIDOS QUE SON ALIADOS?

¡Sí! El gusto y el olfato cooperan entre sí; uno percibe el olor y el otro el sabor del alimento y las dos informaciones van hasta el cerebro y se integran para que podamos decir: Mmmmm… ¡qué rico!

¿ESCUCHAMOS DORMIDOS?

Sí, nuestros oídos nunca duermen, siempre están alerta. Para asegurarse de que estamos a salvo, mantienen en segundo plano los sonidos cotidianos mientras dormimos, pero nos despiertan si se produce un ruido extraño.

¿QUÉ SENTIDO TIENE EL ÓRGANO MÁS GRANDE?

Ni el ojo, ni la oreja, ni la nariz, ni la lengua… **¡La piel!** El tacto tiene un órgano sensorial XXL que contiene un montón de receptores: 16 000 para el calor, 150 000 para el frío, 500 000 para la presión y… ¡4 millones para el dolor!

ARF, ARF ¡DESPIERTA!

¡¡¡AAAAYYYYY!!!

¿Quieres ver el cerebro por dentro?

¿QUIÉN ES EL CEREBRO?

Es el jefe de tu cuerpo, así que da órdenes a todos los demás para hacer cualquier cosa: pensar, recordar, dibujar, moverte, soñar... Este director de orquesta está siempre atento para que nada desafine, ¡incluso cuando duermes!

SIEMPRE DE GUARDIA.

¿TAMBIÉN SE ENCARGA DE LAS TAREAS AUTOMÁTICAS?

¡Por supuesto! Nada se le escapa. Es quien controla los **músculos involuntarios** para que las acciones mecánicas de tu cuerpo, como respirar, que circule la sangre o hacer la digestión, sigan su curso, aunque tú ni siquiera pienses en ello.

¿QUÉ ES LA MATERIA GRIS?

Si sacaras una «rodaja» de tu cerebro podrías observar que hay una zona con materia blanca en el interior y otra con materia gris en los bordes, pegada a la corteza. Esa zona gris es la gran factoría en la que trabajan unos cien mil millones de **neuronas.** Una sola neurona puede transmitir 1 000 impulsos nerviosos por segundo.

¡SOY UN TIPO DE ACCIÓN!

¿EL CEREBRO ES MUY RÁPIDO?

Si lo necesitas, los **neurotransmisores** del cerebro pueden enviar señales eléctricas de respuesta a una supervelocidad de 360 km/h.

¡FIUUUUUU!

¿CÓMO RECUERDA EL CEREBRO?

Como si fuese un mueble con cajones, el cerebro almacena los recuerdos en distintas partes: en un cajón guarda la **memoria a corto plazo,** cosas de las que te olvidas enseguida. En otro cajón, la **memoria a largo plazo,** tus recuerdos imborrables. ¡Incluso tiene un cajón especial para recordar las caras de la gente que conoces!

RECUERDO 3 422 367... ¡A ESTE CAJÓN!

¿CUÁNTOS PENSAMIENTOS PRODUCE?

¡Te pasas la vida pensando sin parar! Tu cerebro genera unos 48 pensamientos por minuto, unos 70 000 al día, así que no te extrañará saber que él solito gasta el 20 % de la energía total que consumes.

¿SIEMPRE ES IGUAL?

¡Para nada! El cerebro genera unas 1 400 neuronas cada día, nuevas, a estrenar. Es verdad que esa capacidad de regeneración es mayor cuanto más joven eres, pero las personas mayores también la tienen.

¿EL TAMAÑO IMPORTA?

De ningún modo. Un cerebro normal de un adulto pesa entre 1,3 y 1,5 kg. El cerebro del científico más importante del siglo xx, Albert Einstein, pesaba un poco menos de lo normal, 1,2 kg, así que se puede ser listísimo con un cerebro pequeño. Tú eres el mejor ejemplo. ¡Sácale partido!

¡PSSSSSSSS!

¡UFFF!

49

¡NUNCA ES TARDE PARA APRENDER ALGO NUEVO!

¿Por qué el cuerpo es una máquina perfecta?

¡BIP, BUP!

¿DE QUÉ ESTÁ HECHA LA MÁQUINA?

De tan solo seis elementos químicos: oxígeno, carbono, hidrógeno, nitrógeno, calcio y fósforo… ¿Te parece muy complicado? ¡Lo es! Vamos a resumirlo de otro modo: sobre todo, tu cuerpo es agua. Entre el 70 % y el 80 % del cuerpo es eso: agua.

¡VIVA EL H_2O!

50

¿ES UNA MÁQUINA DIFÍCIL DE CONSTRUIR?

Aunque a tu mamá le llevó solo nueve meses, en realidad tu cuerpo es una máquina muy compleja, donde cada elemento (los **aparatos** o **sistemas** con sus órganos) tiene su función y necesita trabajar coordinada con todas las demás para que funcione bien.

¿Y ESTO DÓNDE IBA?

¡SUPERA MIS 100 000 LATIDOS DIARIOS!

¿CUÁL ES EL MOTOR DE LA MÁQUINA?

Tienes una bomba muy potente en mitad del pecho que es el motor de tu cuerpo: **el corazón.** Es muy trabajador, no para nunca, con cada latido distribuye la sangre por todo el cuerpo para llevar oxígeno a las células que lo componen.

¿QUIÉNES SON LOS OBREROS?

Las células sanguíneas son pequeños grandes obreros que no paran de trabajar para ti. La sangre está formada por **glóbulos rojos,** que transportan el oxígeno; **glóbulos blancos,** que te protegen de las infecciones; y **plaquetas,** que cierran cualquier herida que te hagas.

¿CUÁL ES EL COMBUSTIBLE DE LA MÁQUINA?

Para poder funcionar, el cuerpo necesita transformar el oxígeno y los nutrientes en energía. Es decir, tienes que **respirar** y **comer.** Los **nutrientes** son las proteínas, los hidratos de carbono, las grasas, las vitaminas y los minerales.

¿QUÉ PIEZAS DIMINUTAS SON IMPRESCINDIBLES PARA LA MÁQUINA?

Tu cuerpo está formado por **células** microscópicas y, ¡más difícil todavía!, dentro de esas células está el **ADN,** que es la información genética que hace que tú seas tú y nadie más que tú.

¡ÚNICO EN EL MUNDO!

¿LA MÁQUINA TIENE FECHA DE CADUCIDAD?

La verdad es que sí. Te dará pena, pero te informamos de que nadie (ni siquiera tú) puede vivir eternamente. Nuestro cuerpo está diseñado para vivir menos de 100 años, aunque hay algunas personas que viven más; si cuidas mucho tu salud y tienes suerte, quizá seas una de ellas.

¡ÁNIMO!

¿Conoces tus músculos y huesos?

¡COSTILLA EXTRA!

¿CUÁNTOS HUESOS TENGO?

Cuando naciste tenías unos 300, eran huesos un poco «sueltos» que se fueron uniendo y fusionando hasta acabar teniendo 206… ¡Aunque hay gente que tiene más o menos! Por ejemplo, lo normal es tener 24 costillas, pero hay quien tiene una más: la costilla cervical.

¿Y CUÁNTAS VÉRTEBRAS TENGO EN EL CUELLO?

Tienes siete vértebras cervicales… ¡Las mismas que una jirafa! Lo que ocurre es que las de la jirafa son 20 veces más grandes que las tuyas. En realidad, todos los mamíferos tenemos siete, desde la pequeña musaraña hasta el elefante… ¿Todos? ¡No! El perezoso puede tener hasta 10.

¿DÓNDE HAY MAYOR CONCENTRACIÓN DE HUESOS?

Las manos y los pies son los reyes del esqueleto: una sola mano agrupa 27 huesos y un pie, 26, lo que supone que en tus cuatro extremidades tienes un total de… ¡106 huesos!

AAAAAAAAHH

¿HAY PARTES DEL CUERPO SIN HUESOS?

Sí, por ejemplo, el extremo de la nariz y las orejas. En lugar de ser de hueso, son de un material más blando y flexible: el **cartílago.**

¿CUÁNTO PESAN MIS HUESOS Y MIS MÚSCULOS?

Más o menos, los huesos son el 15 % de tu peso total. ¿Te parece poco? Es que son muy ligeros. En cambio, los músculos pesan un 30-40 % de tu peso total, claro que también hay muchos más: ¡tienes unos 650 músculos! Entre ellos, algunos tan especiales como el corazón o la lengua.

¿POR QUÉ TIEMBLO CUANDO TENGO FRÍO?

Porque los músculos te ayudan a generar calor corporal con esa contracción involuntaria. O sea que temblar de frío es una defensa de tu cuerpo.

¿CUÁNDO USO MÁS MÚSCULOS?

Para dar un simple paso mueves hasta 200 músculos. Para fruncir el ceño muy enfadado usarás unos 40 músculos, pero para sonreír solo necesitarás unos 20…

¡AHORRA ENERGÍA Y SONRÍE!

¿CÓMO PUEDO CUIDAR MIS HUESOS Y MÚSCULOS?

Ponte **casco** cuando vayas en bici para proteger tu cráneo, come suficientes **lácteos** (leche, queso, yogur) para tener calcio y, sobre todo, ¡muévete! Correr, saltar y jugar es la mejor manera de cuidar tus músculos y huesos. ¡Siempre en forma!

¿Cómo respiramos y comemos?

¿PARA QUÉ SIRVEN LOS PELOS DE LA NARIZ?

No valen para hacer trenzas ni coletas, sino para limpiar el aire que respiramos: son una barrera natural para detener el polvo o la suciedad del aire y que no llegue a los pulmones.

¡DÉJATELOS SUELTOS!

¿QUÉ OCURRE CUANDO RESPIRAMOS?

Metemos oxígeno en los pulmones al inspirar y expulsamos dióxido de carbono al espirar. El aire entra por la nariz y la boca, pasa por la **laringe**, la **tráquea** y los **bronquios** hasta llegar a los **pulmones.** Dentro de los pulmones, los bronquios se ramifican en **bronquiolos,** que terminan en unos «sacos», los **alvéolos,** donde se produce el intercambio de gases.

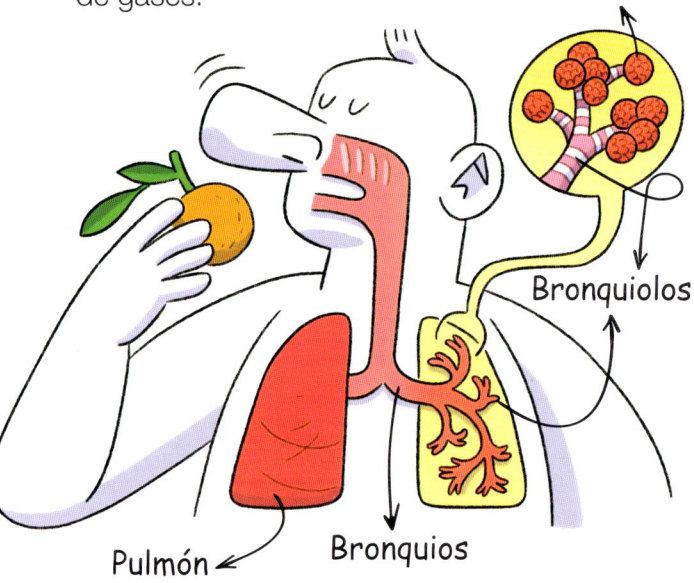

Alvéolos

Bronquiolos

Bronquios

Pulmón

¿CUÁNTO RESPIRAMOS?

Un montón. Cada día, un adulto inspira aire unas 25 000 veces, metiendo en sus pulmones de 5 a 6 litros de aire por minuto. En total, cada día, entran unos 14 000 litros de aire a los pulmones.

¿CUÁNTO TIEMPO PUEDO QUEDARME SIN RESPIRAR?

Poco. Respirar es un acto reflejo, así que solo puedes contener la respiración un espacio breve de tiempo. Una persona sana no puede estar sin respirar más de 2 o 3 minutos, pero siempre hay excepciones: los especialistas en apnea pueden estar… ¡más de 20 minutos sin respirar! El récord es de Budimir Buda: 24 minutos y 33 segundos.

OMMMMMMM

54

¿POR QUÉ LA SALIVA ES GENIAL?

Producimos entre 1 litro y 1,5 litros de saliva al día, pero es que nos hace mucha falta: gracias a ella, sentimos el sabor de los alimentos, la comida se ablanda y se digiere mejor y además sirve para tener la boca limpia de bacterias. ¡Adiós, infecciones!

¿POR QUÉ ES MALO FUMAR?

Fumar es de las peores cosas que puedes hacer… Si fumas, tienes muchas posibilidades de tener **cáncer de pulmón** y problemas en el corazón. Además, se te ponen los dientes amarillos, huele fatal y tienes más resfriados y tos. Por si fuera poco, es carísimo. ¡No empieces nunca!

¿CUÁNTA COMIDA CABE EN EL ESTÓMAGO?

La comida masticada y mezclada con saliva pasa por el esófago hasta el estómago, que tiene una capacidad de 1,5 litros aproximadamente, pero cuando comemos, se estiiiiira y puede llegar a los 4 litros. ¡Como un globo!

¡UFFF!

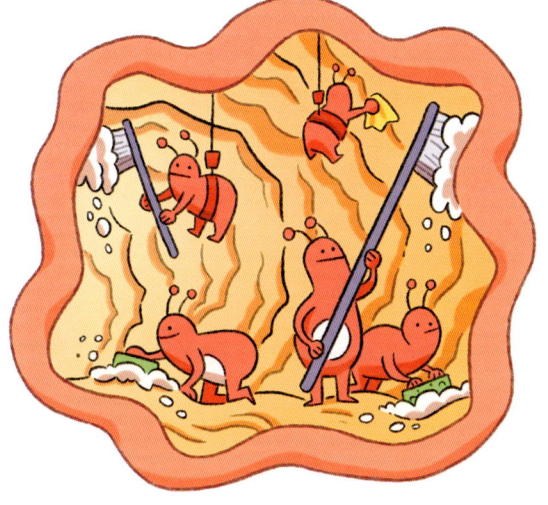

¿CUÁNTAS BACTERIAS TIENE EL INTESTINO?

Desde el **estómago,** la comida pasa al **intestino delgado y grueso.** Un micromundo superpoblado de unos 100 billones de bacterias viven en tu intestino: es la **microbiota o flora intestinal.** La mayor parte de tus bacterias son muy simpáticas: te ayudan a hacer la digestión y te protegen de las bacterias malas y los virus.

¿QUÉ PUEDO HACER PARA MEJORAR MI SISTEMA DIGESTIVO?

Sigue estas instrucciones: come despacio y mastica bien la comida, haz cinco comidas equilibradas al día, con pocos alimentos azucarados y salados, bebe suficiente agua, toma lácteos fermentados como el yogur, duerme bien y haz deporte. ¡Vida sana!

¿Y si la máquina se rompe?

¿POR QUÉ NOS PONEMOS ENFERMOS?

El mundo está lleno de gérmenes diminutos que solo puedes ver por un microscopio, como los **virus** y las **bacterias,** que, si se meten en tu cuerpo, por ejemplo, por la nariz o la boca si alguien estornuda cerca o al comer un alimento en malas condiciones, pueden infectarte y causarte una enfermedad.

¿BACTERIAS Y VIRUS SON PRIMOS HERMANOS?

¡No! Son muy distintos. Las bacterias pueden crecer y reproducirse por sí mismas; en cambio, los virus necesitan usar otra célula para poderse reproducir. Además, las bacterias a veces son buenas, como las de tu microbiota, mientras que los virus no son para nada amigables.

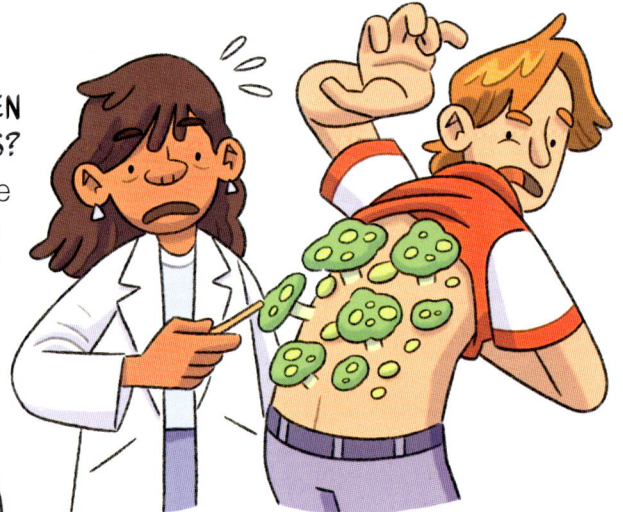

¿QUÉ OTROS GÉRMENES PUEDEN ENFERMARNOS?

Por si tenías poco, además puedes encontrarte con incómodos **hongos** o con **protozoos** que te causen una infección. Pero que no cunda el pánico… Tienes muchas maneras de combatir todos estos microorganismos. ¡Sigue leyendo!

¿QUÉ ES EL SISTEMA INMUNITARIO?

Tienes dentro de ti unos guerreros, los **glóbulos blancos,** que te defienden de los intrusos. Son soldados especializados: por ejemplo, si algún germen entra sin permiso, los **linfocitos** lo detectarán y fabricarán anticuerpos. En cambio, los fagocitos se los comerán directamente.

¿PARA QUÉ SIRVE UN ANTIBIÓTICO?

Apunta esto y no lo olvides: los antibióticos son medicinas con forma de pastillas, sobrecitos, gotas o una inyección, pero solo sirven **contra las bacterias,** no contra los virus. Así que no te van a solucionar la gripe, por ejemplo.

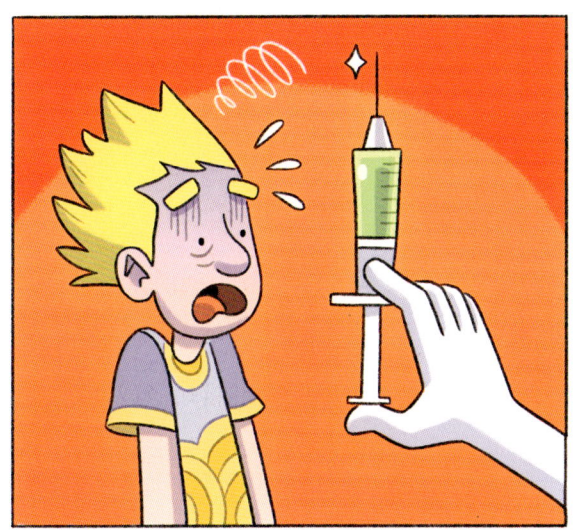

¿PARA QUÉ SIRVEN LAS VACUNAS?

Una vacuna «enseña» a tu sistema inmunitario a defenderse. Por ejemplo, inyectando un virus muy, muy débil o un trozo enano de virus o un código genético para aprender a crear anticuerpos. De ese modo, vacunarse impide que contraigas una enfermedad determinada.

¿SON EFICACES LAS VACUNAS?

¡Absolutamente! La vacuna de **Edward Jenner** contra la viruela fue el primer paso para erradicar la enfermedad en 1980. Fue la primera enfermedad que desapareció de la Tierra gracias a la vacunación. ¡Salvó muchas vidas!

¿POR QUÉ NO PODEMOS SER ETERNAMENTE JÓVENES?

Tenemos 37 mil millones de células en el cuerpo que, unidas, forman tejidos y órganos. Lo sorprendente es que se regeneran cada cierto tiempo y entonces te preguntarás por qué envejecemos si las células son nuevas… Bueno, es el ADN lo que se va dañando con el tiempo.

¿QUÉ PODEMOS HACER PARA PROTEGERNOS?

¡NO fumes, NO bebas alcohol, NO te quedes quieto! Y además… lávate las manos con frecuencia, pasa una revisión médica de vez en cuando, duerme lo suficiente y sigue una dieta saludable.

¿Dónde vivimos?

58

¿Cuáles son los continentes?

¿QUÉ ES UN CONTINENTE?

Es una extensión de tierra bastante grande que puede incluir distintos países, ríos, lagos, islas, etc. En realidad, las fronteras no están muy definidas y son una convención.

¿CUÁNTOS HAY?

Hay quien dice que son cinco, seis o siete, pero lo más común es hablar de seis, que son: **África, América, Asia, Europa, Oceanía** y la **Antártida.**

¿Y QUÉ ES UN SUBCONTINENTE?

El continente de América se subdivide en otros tres, a los que se llama subcontinentes, que son: **América del Norte, América Central** y **América del Sur.**

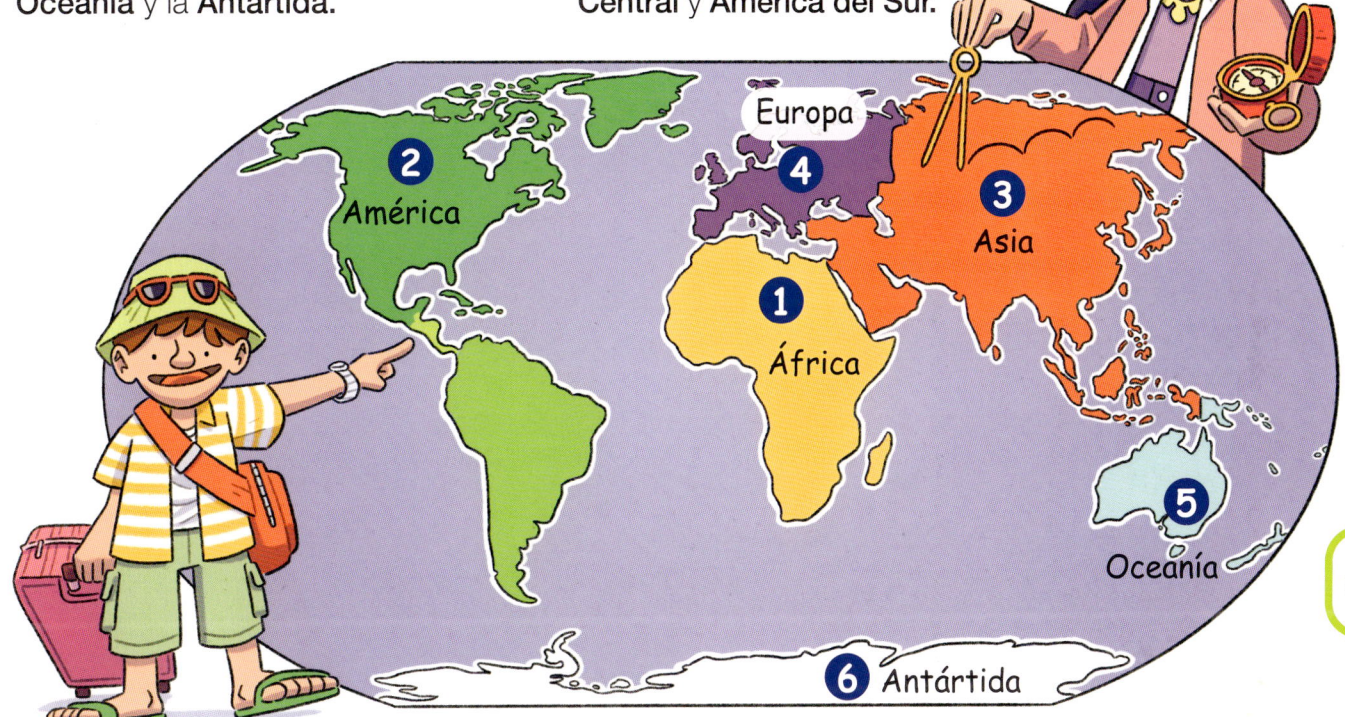

- **1** Yo fui la casa de los primeros Homo Sapiens.
- **2** A mí me llaman el «Nuevo Mundo», ¡soy joven y moderno!
- **3** Soy un continente de récord: ¡el más grande y poblado!
- **4** A mí me llaman «Viejo Mundo», tengo mucha historia a cuestas…
- **5** Yo soy el más pequeño y menos poblado, ¡pero estoy lleno de islas!
- **6** ¡Brrrrr! Soy el lugar más frío y deshabitado del planeta

GRRRRR…

TANTO ENTRENAMIENTO PARA NADA…

¿POR QUÉ LA BANDERA OLÍMPICA TIENE CINCO AROS?

Cada aro representa a un continente… exceptuando la Antártida, porque no está habitada… ¡Los pingüinos no compiten!

¿Quieres visitar estos países?

¿CUÁNTOS PAÍSES HAY EN EL MUNDO?

Esta pregunta parece fácil, pero no lo es, porque algunos países son dependientes de otros y no están reconocidos internacionalmente. La Organización de las Naciones Unidas (**ONU**) habla de 194 países soberanos o Estados, pero el Comité Olímpico Internacional (**COI**) habla de 206 países.

RUSIA

¿CUÁL ES EL PAÍS MÁS GRANDE?

¡Rusia! Sus cifras son increíbles: tiene exactamente 17 098 246 km², hace frontera con 16 países y sus costas están bañadas por 12 mares de tres océanos diferentes.

¿Y EL PAÍS MÁS PEQUEÑO?

La **Ciudad del Vaticano** tiene solo 0,44 km² y unos 800 habitantes. En realidad, es una Ciudad-Estado cuyo idioma oficial es el latín y cuya población en un 75 % pertenece al clero.

¿CUÁL ES EL PAÍS MÁS POBLADO?

China, con sus aproximadamente 1 425 millones de habitantes, es el país con más gente del mundo… Al menos oficialmente, porque se cree que **India** tiene más habitantes, aunque nadie sabe muy bien cuántos son.

¿QUÉ PAÍS ES EL MÁS ANTIGUO DEL MUNDO?

Las civilizaciones egipcia o china tienen miles de años, pero el primer país en constituirse como Estado independiente y soberano fue la **República de San Marino.** Es un microestado de unos 60 km² y poco más de 30 000 habitantes en mitad de Italia que lleva allí desde… ¡el año 301!

SAN MARINO

SOY UN CLÁSICO.

SOY UN PAÍS MODELO: ALTO Y DELGADO.

¿CUÁL ES EL PAÍS MÁS LARGO?

¡**Chile!** Se extiende a lo largo de más de 6 000 km desde el desierto de Atacama hasta la Patagonia. Además de largo, es muy estrecho: solo tiene entre 64 y 177 km de ancho.

¿EN QUÉ PAÍSES HACE MEJOR TIEMPO?

Depende de lo que consideres buen tiempo… El país más lluvioso es India, en concreto en las montañas Khasi; en el que menos llueve es en Egipto; el más frío es Rusia, sobre todo Siberia; el más cálido, Arabia Saudita; el país en el que hay más horas de sol es Estados Unidos, en concreto en Yuma (Arizona): 13 horas diarias de sol en verano y 11 en invierno; y el que menos, Noruega, en Rjukan: ¡pasan seis meses a oscuras cada año!

VIVIMOS EN LA ELF SCHOOL DE REIKIAVIK. ¡VEN A VERNOS!

¿QUÉ PAÍS ES EL MÁS ORIGINAL?

¡Elígelo tú! En Luxemburgo se deben llevar siempre 15 € por si te ponen una multa, Argentina es el país con más psicólogos por habitante, en Dubái hay un cajero automático donde sacar lingotes de oro y en Islandia hay una escuela de elfos.

¿Un paseo por la ciudad?

¿QUÉ ES UNA CIUDAD?

Es un núcleo urbano con una población de entre 2 000 y 50 000 habitantes, siempre que no se dediquen a la agricultura más del 25 %. A partir de 50 000 habitantes, es una ciudad seguro y por debajo de 2 000… hay poblaciones que han recibido el título de ciudad como un privilegio.

¡EMPUJEN, EMPUJEN!

¿Y QUÉ ES UNA MEGACIUDAD?

Es una ciudad que tiene por lo menos 10 millones de habitantes en el área metropolitana: por ejemplo, **Nueva York, Ciudad de México** o **Seúl. Tokio** es la ciudad más poblada del mundo, con más de 37 millones de habitantes. El metro en hora punta es increíble: hay «empujadores» oficiales para apretar a la gente en los vagones.

¿CUÁL ES LA CIUDAD MÁS PEQUEÑA DEL MUNDO?

En el noroeste de Croacia está **Hum,** que ostenta el título de ciudad más pequeña del mundo con tan solo 100 m de largo, 40 m de ancho y unos 30 habitantes. Pero esta miniciudad tiene una historia y belleza muy grande, con sus dos calles medievales empedradas.

¿CUÁL ES LA CIUDAD MÁS AISLADA DEL MUNDO?

Si quieres estar a tu aire y que nadie te moleste, vete a vivir a **Honolulu,** en Hawái. Esta ciudad se encuentra a nada más y nada menos que ¡3 850 km! de distancia de la ciudad más próxima, que es Daly City, en California.

¿EN QUÉ CIUDAD VIVEN MEJOR LOS NIÑOS?

Helsinki, en Finlandia, recibe a todos los niños con los brazos abiertos: papás y mamás tienen un permiso excelente por ley cuando nace su hijo y tienen el mejor sistema educativo y atención sanitaria a los pequeños. O quizá sea porque la casa de Papá Noel no está muy lejos de allí…

¡VEN CON ABRIGO!

¿CUÁL ES LA CIUDAD MÁS CINEMATOGRÁFICA?

El escenario del mundo es **Nueva York** y, en concreto, **Central Park** en **Manhattan.** Spiderman ha saltado por las ramas de sus árboles, Kevin paseó por el parque cuando se quedó solo en casa y hasta pasaron por allí los cazafantasmas.

¿QUÉ CIUDADES SON MÁS CARAS?

Prepara la cartera si viajas a **Singapur** o **Zúrich,** que son algunas de las ciudades más caras del mundo en transporte, vivienda, alimentación o ropa. Pero siempre hay buenas noticias: en Zúrich, moverse en una bicicleta de alquiler ¡es gratis!

ALGO ES ALGO.

¿CUÁL ES LA CIUDAD MÁS BONITA DEL MUNDO?

Aquí seguramente todos tenemos nuestra propia opinión y en general todos diremos que la nuestra. Lo ideal sería mezclar algunas… Imagina una ciudad con el romanticismo de París, la antigüedad de Samarcanda, el encanto de Marrakech y la modernidad de Sídney… ¡Tú eliges!

París

Samarcanda

Marrakech

Sídney

¿De dónde es la bandera?

¿QUÉ ES Y PARA QUÉ SIRVE UNA BANDERA?

Es un trozo de tela rectangular o cuadrado con un diseño particular, que sirve para representar a un país y sus habitantes en el extranjero. Como símbolo de un país, la bandera goza del respeto y la devoción de los habitantes, que pueden ondearla en días festivos y otros acontecimientos.

¿CUÁLES SON LAS BANDERAS MÁS CONOCIDAS DE EUROPA?

La bandera azul con 12 estrellas amarillas en círculo es la **bandera europea,** aunque cada país tiene también la suya. ¡Adivina cuál es cuál!

Reino Unido tiene tres colores, cruces y aspas.

Grecia es blanca y azul y también tiene una cruz.

Turquía tiene una luna y una estrella.

España va de rojo y amarillo y lleva un escudo.

Francia es tricolor, con blanco en medio.

Alemania, también tricolor, ha puesto en medio el rojo.

64

¿QUÉ BANDERAS CONOCES DE AMÉRICA?

No podemos ponerlas todas, pero entre todas estas, piensa de dónde es…

Estados Unidos ha puesto rayas rojas y blancas y nada menos que 50 estrellas.

Canadá es inconfundible con su hoja de arce roja.

México ha puesto tres colores y su escudo en medio.

Colombia también tiene tres colores, pero el que más ocupa es el amarillo.

Argentina ha colocado en medio el Sol de Mayo o Sol Incaico.

Chile apoda a su bandera La Estrella Solitaria…

¿TE SABES ESTAS BANDERAS DE ASIA?

Ahora trata de adivinar a qué país corresponde cada bandera asiática…

China solo ha usado rojo y amarillo. Eso sí, ha puesto cinco estrellas.

India es tricolor y ha puesto en medio el Chakra Ashoka, la rueda de la justicia.

Japón es muy característica: un inmenso sol rojo en medio.

Corea del Sur ha puesto el símbolo del yin-yang y a su alrededor los trigramas.

Arabia Saudita tiene la bandera verde con una inscripción en árabe.

Emiratos Árabes Unidos puso cuatro colores, tres horizontales y uno vertical.

¿Y ESTAS DE ÁFRICA?

Son muchas las banderas africanas, y algunas muy curiosas, pero hemos seleccionado estas para ti.

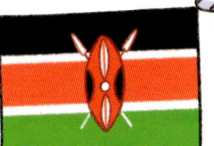

Marruecos puso una estrella verde sobre rojo.

Argelia, en cambio, puso la estrella roja y, además, la luna.

Egipto colocó su escudo, con el águila de Saladino.

Kenia puso con orgullo un escudo tradicional masái y dos lanzas.

Senegal es tricolor con una estrella verde en el centro.

Sudáfrica puso una «Y» tumbada verde y muchos colores.

65

¿QUIERES PROBAR CON OCEANÍA?

Muchas banderas de este continente lleno de islas tienen presente el símbolo de Reino Unido y otras son… ¡Muy imaginativas!

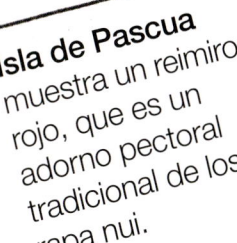

Australia colocó en su cielo azul la constelación de la Cruz del Sur.

Papúa-Nueva Guinea también lleva la Cruz del Sur, pero destaca más el ave del paraíso de Raggi.

Isla de Norfolk luce un hermoso pino que recuerda su propio paisaje.

Isla de Pascua muestra un reimiro rojo, que es un adorno pectoral tradicional de los rapa nui.

¿Te atreves a probar estos platos?

¿QUÉ ES LA GASTRONOMÍA?

El arte de preparar una buena comida y la relación que las personas tenemos con la alimentación y con el entorno ha hecho que en cada lugar haya una comida típica… ¡Casi siempre deliciosa!

¿QUÉ ES LA DIETA MEDITERRÁNEA?

Es un tipo de alimentación propia de los países mediterráneos **(España, Italia, Grecia…)** que es muy saludable porque prefiere los cereales y las verduras y cocina con aceite de oliva. A ella le debemos delicias como la paella española o la pasta y la pizza italiana.

MMMMMMMMMM

¡RICA Y SANA!

66

¿QUÉ PUEDES METER DENTRO DE UNA TORTILLA?

Este pan de maíz plano típico de México ha conquistado el mundo. Es la base de **tacos, burritos, enchiladas** y **quesadillas,** así que puedes meter dentro casi de todo: desde carne, verduras, queso o frijoles, hasta todo tipo de salsas… ¡Algunas muy picantes!

¿QUÉ QUIERE DECIR «COMIDA BASURA»?

También llamada «comida chatarra» y «comida rápida», son todos esos alimentos que, sí, están muy ricos, pero tienen muchas **grasas, azúcares** y **sal,** así que no son muy sanos. A este grupo pertenecen los grandes clásicos de Estados Unidos: la **hamburguesa** con patatas, el **perrito caliente** o los **donuts.** ¡Cómelos solo de vez en cuando!

¡ACOMPÁÑALOS DE NACHOS CON GUACAMOLE!

¿QUÉ OTRA COMIDA ELEGIRÍAS EN AMÉRICA?

Podemos recomendarte algunos platillos… Si pasas por **Colombia,** prueba la **bandeja paisa,** ¡lleva de todo! Si vas a **Perú,** no te pierdas el **ceviche.** En **Argentina** date un festín con su **parrilla** o su asado. Tanto en Argentina como en **Chile,** cómete alguna **empanada.** Y en casi toda América Latina, date un capricho con el **dulce de leche.**

¡APRENDE JAPONÉS PARA SABOREARLO!

¿CUÁL ES EL ALIMENTO MÁS FAMOSO DE ASIA?

En Europa la base es el trigo, en América es el maíz y en Asia, **el arroz,** y su plato estrella, el **sushi.** Si este bocadito de arroz con verduras y pescado crudo va envuelto en un alga nori es un *maki,* pero si es un óvalo de arroz cubierto de una tira de pescado, es un *nigiri.*

¿CUÁLES SON LAS JOYAS DE LA GASTRONOMÍA ÁRABE?

Para el aperitivo, un poco de **hummus,** paté de garbanzos, o de **baba ganoush,** que es lo mismo, pero con berenjena. También prueba el **falafel,** deliciosas croquetas de legumbres. Sigue con un **cuscús** y después cómete un **kebab** de carne de cordero con **pan de pita.**

¿PUEDES ELEGIR EL MEJOR POSTRE?

Tiramisú y panettone italiano, cheesecake neoyorquino, strudel de manzana alemán, alfajores argentinos, cruasanes franceses, mochi japonés, una porción de Red Velvet para acompañar el té inglés, turrón y natillas españolas, helado por todo el mundo…

¿Conoces el símbolo?

¡SIEMPRE VOY CON MI OLLA DE ORO!

¿QUÉ ES EL *SHAMROCK?*

Así llaman al clásico **trébol irlandés.** Si crees que tiene cuatro hojas y sirve para dar buena suerte, te equivocas. En la tradición irlandesa, San Patricio explicaba el misterio de la Santísima Trinidad con un trébol y ha quedado como símbolo del país, al igual que el color verde y el *leprechaun,* un duendecillo.

FAMILIA NUMEROSA…

¿CÓMO SE LLAMA ESTA MAMÁ DE MADERA?

Matrioska, y es el símbolo tradicional de Rusia. Como una caja sin fin, cada muñeca está hueca y tiene otra igual, pero más pequeña, en su interior. Eso sí, siempre tiene que ser un número impar de muñecas, desde cinco muñecas hasta la matrioska con más «hijitas» que se conoce… ¡75!

68

¿DE DÓNDE ES ESTA CALAVERITA?

Es la **catrina** mexicana **o calavera garbancera,** muy popular como icono del Día de Muertos en todo el país. Es una mujer esqueleto vestida muy elegante y adornada con una corona de flores o un sombrero de plumas.

¿QUÉ SON EL YIN Y EL YANG?

Según el taoísmo chino hay que vivir en armonía, de manera que las fuerzas opuestas en realidad forman un todo y se equilibran. El *taijitu* es el símbolo de esa filosofía, en él el blanco y negro entremezclado muestra el yin y el yang, las dos fuerzas que se oponen y se complementan: lo femenino y lo masculino, la luz y la oscuridad…

¡GOOONG!

¿QUIÉN FABRICÓ EL PRIMER ATRAPASUEÑOS?

Fue el pueblo nativo norteamericano **chippewa.** Con el atrapasueños imitaban una especie de telaraña en la que las pesadillas quedaban atrapadas para proteger a sus niños. Después, pasó a ser un símbolo cultural de los pueblos nativos norteamericanos.

DULCES SUEÑOS...

¿ME PARECIÓ VER UN LINDO GATITO?

El gatito de la suerte en Japón se llama **Maneki Neko** y en China **Zhaocai Mao,** pero siempre levanta una patita, no para saludarte, sino para llamarte. Es capaz de atraer la fortuna, la salud y la suerte o de proteger un lugar.

¿QUÉ SIGNIFICA EL ELEFANTE CON LA TROMPA LEVANTADA?

En la cultura india el elefante está relacionado con el dios **Ganesha,** que tiene la cabeza de ese animal. Simboliza la unidad familiar, protege la casa y cuando tiene la trompa hacia arriba atrae la buena suerte y la fortuna.

¿DE DÓNDE ES EL NAZAR?

En árabe *nazar* significa «vista» o «ver» y quizá lo conozcas más como **«ojo turco» u «ojo griego».** Este abalorio, normalmente de tonos azules, de cristal redondo y plano, representa un ojo porque se usa para proteger del mal de ojo.

¿QUIÉN USABA EL ESCARABEO?

El escarabeo o **escarabajo egipcio** era un amuleto que daba a quien lo llevara el poder de pasar al Más Allá y tener una vida eterna, así que se colocaba en el pecho de.. ¡las momias! Nunca un escarabajo pelotero llegó tan lejos.

¡MUCHO OJO!

¿De dónde es la costumbre?

¿CÓMO SE CELEBRA EL AÑO NUEVO EN CHINA?

Es una superfiesta que dura 15 días en la que la familia se reúne, se honra a los antepasados y se atrae la buena fortuna para el año que empieza. El color de la suerte es el **rojo** y por las calles hacen la **danza del dragón y del león.** También hay regalos y comida especial. Cada año está dedicado a un animal del horóscopo chino.

¿CUÁL ES EL CARNAVAL MÁS FAMOSO?

Varios se disputan ese título. El Carnaval de **Río de Janeiro,** en Brasil, desfila al alegre son de la samba con trajes impresionantes de fantasía, pero el Carnaval de **Venecia,** con sus máscaras y trajes de época, es el más elegante del mundo… ¿A cuál irías tú? ¡A los dos!

¿POR QUÉ SE SOPLAN VELAS EN LOS CUMPLEAÑOS?

Algunos creen que esta costumbre procede de la **Antigua Grecia,** donde se ofrecía un dulce redondo con velas encima a la diosa de la Luna, Artemisa. Al soplar las velas, el humo llevaba por el cielo los deseos de los mortales hasta la diosa.

¿DÓNDE SE PUSO EL PRIMER ÁRBOL DE NAVIDAD?

Los celtas y los romanos ya decoraban las ramas de los árboles durante el solsticio de invierno, pero la primera vez que se colocó un árbol de Navidad en una ciudad para el público fue en **Tallin** (Estonia) en 1441. El famoso árbol de Navidad del Rockefeller Center de Nueva York no se encendió hasta 1931.

¿QUÉ ES EL RAMADÁN?

El noveno mes del calendario islámico está marcado como el **mes del ayuno** por su religión. Desde que amanece hasta que se pone el sol no se puede comer ni beber nada y son días para purificarse a través de la oración. Por supuesto, los ancianos, los niños y los enfermos no tienen la obligación de hacerlo.

¿DÓNDE SE CELEBRA UNA FIESTA DE COLORES?

El **Festival de Holi** en India que se celebra entre marzo y abril es la fiesta más alegre del mundo: todo el mundo lanza polvo de colores que cae sobre su ropa y su pelo mientras bailan en una danza multicolor.

¡Buuuuuuuu!

¿POR QUÉ SE CELEBRA HALLOWEEN?

Halloween viene de *All Hallows'Eve,* que significa **«noche de Todos los Santos»** porque se celebra la noche del 31 de octubre al 1 de noviembre. Esta tradición cristiana se mezcló con otra celta, **el Samhain,** en la que creían que los muertos regresaban al mundo de los vivos y por eso se disfrazaban con máscaras, para despistar a los fantasmas.

¡ARCOÍRIS DE FELICIDAD!

¿CÓMO SE CELEBRA LA NOCHE MÁS CORTA O MÁS LARGA?

En muchos países de Europa y América Latina se celebra la **noche de San Juan** coincidiendo con el solsticio de verano: la noche más corta del año en el hemisferio norte y la más larga en el sur. Se encienden hogueras para quemar lo viejo y lo malo y dar paso a todo lo bueno por venir.

Ciencia e inventos

¿Cómo nos movemos?

¿QUIÉN INVENTÓ LA RUEDA?

Siempre hemos querido desplazarnos más rápido. Bajar de los árboles, ponerse de pie y caminar o correr no era suficiente, por eso, un anónimo inventor (muy listo) de **Mesopotamia** de la **Edad de Bronce** creó la rueda y además la puso en un carro tirado por caballos.

¡A TODA MÁQUINA!

¿CUÁNTO AYUDÓ LA MÁQUINA DE VAPOR?

¡Muchísimo! La máquina de vapor movió el tren y el barco de vapor (¡adiós, remos!) a velocidad nunca vista. Pero eso solo fue el principio… De ahí a fabricar coches y submarinos solo fue un paso más.

¿CÓMO EMPEZAMOS A VOLAR?

A finales del siglo XVIII los **hermanos Montgolfier** hicieron un viajecito en globo y a principios del XIX, los **hermanos Wright** volaron en el primer avión.

¿PODREMOS TELETRANSPORTARNOS?

Un tren Maglev puede correr a casi 500 km/h y un Boeing 747-8i puede volar a más de 1 000 km/h, hemos ido y vuelto a la Luna y estamos pensando en viajar a Marte, pero, de momento, no podemos teletransportarnos, aunque… ¡en ciencia y tecnología nunca se sabe!

¿Cómo avanzó la medicina?

¿QUIÉN FUE EL PRIMER MÉDICO?

Pues vete a saber… Imagina un grupo nómada en la Prehistoria. Quizá uno de ellos observó a través de prueba y error que determinada hierba ayudaba a curar una herida. Pero seguro que también era un **hechicero** o un **chamán** que le daba un amuleto al enfermo para que la magia le curase sin ningún método científico.

¿Y EL PRIMER MÉDICO CONOCIDO?

Ahí sí podemos darte un nombre: **Imhotep,** un egipcio que servía para todo, porque lo mismo curó al faraón Zóser que le construyó su pirámide escalonada. En la Antigua Grecia fue muy importante **Hipócrates,** y más tarde, ya durante el Imperio romano, el griego **Galeno,** que fue el médico del emperador Marco Aurelio. Mientras, en Oriente, el persa **Avicena** ya describía perfectamente los síntomas de algunas enfermedades.

¿CUÁL FUE LA TEORÍA DE LOS CUATRO HUMORES?

Según Hipócrates, la composición del cuerpo humano era una combinación de cuatro «humores»: **flema, sangre, bilis amarilla** y **bilis negra.** Y cuando se desequilibraban, surgían enfermedades. Esta teoría fue aceptada médicamente hasta el siglo XIX, cuando descubrieron los gérmenes.

¿CUÁNDO SE DESCUBRIÓ EL MICROSCOPIO?

Gafas y lupas son muy antiguas y ya las conocían en época medieval, pero hasta el siglo XVI o casi el XVII no se creó el microscopio compuesto con dos lentes capaces de ampliar lo más pequeño… ¡el mundo invisible al ojo humano se hizo visible! Con el microscopio se descubrieron también las bacterias, los protozoos, los glóbulos rojos…

¿CUÁL ES LA ÚNICA ENFERMEDAD ERRADICADA POR EL SER HUMANO?

En 1796, el médico **Edward Jenner** inoculó a un niño de ocho años **la viruela** benigna de las vacas y le inmunizó ante la viruela humana, mucho más grave. Después, la vacunación se extendió en el mayor esfuerzo médico de la historia y en 1980 se dio por erradicada salvando millones de vidas.

¿QUIÉN DESCUBRIÓ LOS ANTIBIÓTICOS?

Las bacterias a veces causan infecciones graves que hasta hace poco eran incurables. A principios del siglo xx, el científico **Alexander Fleming** descubrió por casualidad la penicilina, que salvó millones de vidas. Por eso le dieron el Nobel de Fisiología y Medicina en 1945… ¡Muy merecido!

¿CUÁNDO SE INVENTÓ LA ANESTESIA?

No hace tanto… Hace apenas 200 años un cirujano debía ser muy rápido y habilidoso y al paciente lo emborrachaban para que no sufriera tanto. A finales del **siglo xix,** el dentista **William Morton** utilizó éter para dormir a un paciente delante de una audiencia y, desde entonces, se opera sin dolor.

¿QUIÉN HIZO EFECTIVAS LAS TRANSFUSIONES DE SANGRE?

El médico austríaco **Karl Landsteiner** estableció los grupos sanguíneos A, B, 0 y AB y sus compatibilidades. No contento con eso, ayudó a identificar el virus de la polio y por todo ello, le dieron el Nobel de Medicina en 1930.

¿Cuáles son los grandes hitos de la ciencia?

¿QUÉ ES LA TEORÍA DEL BIG BANG?

Empezó como una broma, pero es la teoría más aceptada para explicar el origen del Universo: empezó en un solo punto que explotó y no ha parado de expandirse aún.

¿CÓMO ES NUESTRO MUNDO?

Pequeño comparado con el Universo. **Copérnico** fue el primero en pensar que la Tierra daba vueltas alrededor del Sol y no al revés y eso mismo defendieron **Galileo Galilei** y **Kepler,** aunque en su época esas ideas modernas no gustaron mucho.

¡¡BOOOOOOOM!!

¿VENIMOS DEL MONO?

Charles Darwin lo sugirió en su teoría de que las especies que viven o vivieron en la Tierra (humanos incluidos) han evolucionado poco a poco para sobrevivir en el entorno que va cambiando. En su siglo, el xix, se burlaron de él por decir que el ser humano procedía del mono, una idea contraria a la religión cristiana, pero sí, hace 15 o 20 millones de años tuvimos un antepasado común con los simios.

¿QUIÉN FUE EL PADRE DE LA GENÉTICA?

Mendel vivía tan tranquilo en un monasterio donde pasaba mucho tiempo observando su huerto de guisantes. Observó, experimentó y estableció las tres leyes de la herencia o leyes de Mendel. Él solito, un discreto monje botánico, estableció las bases de la genética.

¿QUIÉN INVENTÓ LA TABLA PERIÓDICA?

El químico ruso **Dimitri Mendeléyev** agrupó los elementos químicos por «familias» buscando sus similitudes y luego los ordenó en una tabla fácil de recordar. ¿¿¿Fácil???

GRRRRRR...

TRAMPOSOS

¿CUÁNDO SE DESCUBRIÓ EL ADN?

¡Apunta! Su verdadero nombre es ácido desoxirribonucleico, pero en confianza lo llamamos ADN. En 1953 se demostró la estructura de doble hélice gracias a la fotografía 51 de **Rosalind Franklin.** Pero fueron sus ¿¿compañeros?? Francis Crick y James Watson los que se llevaron la foto y el Nobel de Medicina en 1962 injustamente.

¿POR QUÉ ES TAN FAMOSO EINSTEIN?

Seguramente porque se le ocurrió su famosa **Teoría de la Relatividad,** que revolucionó la física mundial con su nuevo concepto de gravedad o porque ganó el premio Nobel de Física en 1921 o por su pacifismo ante la bomba atómica… ¿O fue por su peinado?

$$E = mc^2$$

¡ADIÓÓÓÓS!

¿QUÉ ES UN AGUJERO NEGRO?

Es un inmenso molinillo en el espacio que tiene una fuerza gravitatoria gigantesca y aspira todo lo que se acerque a él.

¿Cuáles son los códigos escritos?

> ¡CUIDADO! ESTA BIBLIOTECA PUEDE ROMPERSE...

¿CUÁNDO SE INVENTÓ LA ESCRITURA?

Como sabes, los niños prehistóricos no iban a la escuela. Pero en el IV milenio a. C., en Mesopotamia, comenzó la **escritura cuneiforme,** que eran signos o pictogramas grabados con una caña sobre tablillas de barro fresco. Cuando se endurecía, quedaba fija la escritura en un «libro» de arcilla.

MMMMMMM...

> ¿ESTA ÁGUILA SERÁ UNA A?

¿ESCRITURA O DIBUJO?

Pues un poco de todo. En el Antiguo Egipto dibujaban figuritas de animales y símbolos de flores y objetos cotidianos para contar cosas en papiros o tallando o pintando sobre la piedra. Fue una letra misteriosa hasta que el ejército napoleónico encontró por casualidad la **piedra Rosetta,** con un texto en tres lenguas: **jeroglífico,** demótico y griego. Así fue como el aplicado **Jean-François Champollion** lo descifró.

78

¿QUÉ SON LOS SINOGRAMAS?

Los **caracteres de la escritura china** se llaman así. En japonés los llaman *kanji* y en coreano *hanja.* Empezaron siendo pictogramas, pequeños dibujos que recordaban un concepto y que con el tiempo se convirtieron en ideogramas esquemáticos que además se asociaban entre ellos para hacerse más complejos.

¿QUÉ SON LOS GLIFOS?

Son signos que usaron, por ejemplo, los **mayas,** para escribir. Los primeros que se conocen son los de la *Estela 29 de Tikal,* del año 292, pero se escribió con glifos hasta el siglo XVII.

¿CUÁNTOS ALFABETOS HAY EN EL MUNDO?

Muchos. El más usado en el mundo es el **latino,** que tiene 23 letras en general, pero cada idioma ha incorporado alguna propia, por ejemplo, el español incorporó la ñ y el francés la ç. Otros alfabetos muy usados son el **cirílico** (por ejemplo, el ruso), el **devanagari** (en India) o el **árabe.** El árabe se lee de derecha a izquierda.

LO IMPORTANTE ES LEER.

¿SIEMPRE SE HA USADO PAPEL PARA ESCRIBIR?

¡No! Antes hubo cerámica cocida, madera, piedra, papiro, pergamino… El papel se inventó en **China** en el siglo II a. C. ¡Y hoy leemos más en soporte electrónico que en papel!

¿HASTA CUÁNDO SE ESCRIBIÓ A MANO?

Hasta 1440 los libros los escribían a mano los escribanos y copistas y entonces llegó **Gutenberg** con su imprenta. Su artilugio tenía letras talladas en metal que se colocaban para formar un texto, se entintaban y permitían imprimir una página de una sola vez, mucho más rápido.

¡VAYA INVENTAZO!

¡BEST SELLERS!

¿CUÁL ES EL LIBRO MÁS LEÍDO DE LA HISTORIA?

La **Biblia** fue el primer libro que imprimió Gutenberg y sigue batiendo récords. Es el libro más vendido, el más leído y el más traducido, nada menos que a 3000 idiomas. El segundo es *Don Quijote de la Mancha* y el tercero, el **Corán.**

¿Y cuáles son los códigos audiovisuales?

¿CUÁL FUE EL PRIMER SISTEMA MODERNO DE COMUNICACIÓN?

Hacer llegar mensajes de un sitio a otro lo más rápido posible fue siempre un objetivo y dejando aparte las señales de humo, los tambores y el Pony Express, el invento genial fue **el telégrafo,** que enviaba señales eléctricas en **código Morse.** Este artilugio revolucionó el siglo XIX: ¡comunicación rápida a gran distancia!

PIP
PIP
PIP
PIP

¿Y QUÉ ES EL CÓDIGO MORSE?

Es un **alfabeto** que representa letras y números **con puntos y guiones.** El punto indica un sonido corto y el guion, uno largo, de manera que su combinación produce un mensaje sonoro, rápido de enviar y de recibir.

¿CUÁL FUE EL PRIMER SONIDO EMITIDO POR UNA RADIO?

¡Magia! Una voz habla y a 6 km de distancia ¡se escucha perfectamente! Eso debieron de pensar cuando **Marconi** lanzó el primer mensaje de radio un 14 de mayo de 1897. El mensaje era «Estás preparado» y desde entonces, la radio nos sigue acompañando.

BLA
BLA
BLA
BLA...

¿CÓMO FUNCIONABAN LOS PRIMEROS TELÉFONOS?

Al principio solo tenían teléfono las empresas que necesitaban hablar entre ellas, así que compraban dos teléfonos ¡sin números! conectados entre sí por cables y bastaba con descolgar y hablar con un único contacto. Más tarde, inventaron **la centralita,** con una operadora que conectaba unos cables con otros para llamar a más de un contacto.

¿¿OPERADORA??

¿CUÁL FUE LA PRIMERA FOTOGRAFÍA DE LA HISTORIA?

Basándose en la precursora cámara oscura, en 1827 **Joseph Nicéphore Niépce** puso dentro una placa recubierta de betún y colocó el dispositivo en su ventana ocho horas. El resultado fue la primera foto de la historia, aunque no fueran más que los tejados de sus vecinos.

¿CÓMO SE RODÓ LA PRIMERA PELÍCULA DE LA HISTORIA?

Con el cinematógrafo de **Auguste y Louis Lumière,** una caja de madera con un objetivo y una película de 35 mm que rodaba con una manivela haciendo fotografías que luego se veían como una secuencia en movimiento. Lo pusieron delante de la puerta de su propia fábrica y así nació la primera película: *Salida de la fábrica Lumière.* Hollywood empezó con 38 segundos mudos en blanco y negro de obreros saliendo del trabajo.

¿QUÉ PERSONA TIENE MÁS PREMIOS ÓSCAR?

El más premiado de la historia es **Walt Disney,** que fue nominado 59 veces y ganó 26 estatuillas. Entre actores y actrices, la más premiada es **Katharine Hepburn,** que ganó el Óscar en cuatro ocasiones.

¡UUMMPPHH!

¿QUIÉN INVENTÓ LA PRIMERA TELEVISIÓN?

El 25 de marzo de 1925, el escocés **John Logie Baird** hizo la primera exhibición pública del sistema de televisión. Los primeros televisores eran armatostes de casi 1 m de profundidad para una pantalla de apenas 22 pulgadas, como una maleta de cabina.

¿Cómo evolucionó la tecnología?

¿QUIÉN INVENTÓ EL PRIMER TELÉFONO MÓVIL?

Martin Cooper, un ingeniero de Motorola, hizo la primera llamada desde el teléfono móvil DynaTAC 8000X el 17 de octubre de 1973, ¿sabes a quién llamó? ¡A su contrincante en la competencia tecnológica de la compañía AT&T! En 1983 lo vendían a casi 4 000 dólares, pero a pesar de ser tan caro, un año después habían vendido unos 300 000. Será por dinero…

TENGO MALA MEMORIA…

¿CÓMO ERA EL PRIMER ORDENADOR PERSONAL?

El **Kenbak-1** fue el primer ordenador personal de la historia. Nació en 1970, empezó a venderse en 1971 y desapareció en 1973. Solo se construyeron 40 y con una capacidad de 256 bytes.

¿CÓMO EMPEZÓ INTERNET?

En plena Guerra Fría entre rusos y norteamericanos, Estados Unidos creó ARPA, una agencia científica y tecnológica que necesitaba comunicar ordenadores que estaban en distintos lugares. Para ello, se creó **Arpanet,** que después pasó a llamarse Internet, que es una combinación de las palabras inglesas *Interconnect* (interconexión) y *Network* (red).

¿CUÁL FUE EL PRIMER VIDEOJUEGO?

El más famoso de todos los pioneros fue el **Tennis for Two** (tenis para dos), creado en 1958 por **William Higgingotham,** que utilizó el osciloscopio de su laboratorio como monitor para echar una partidita de tenis. Ni siquiera lo patentó… ¡solo era un juego!

¿QUIÉN INVENTÓ EL GPS?

El Sistema de Posicionamiento Global o GPS lo creó el científico **Roger Easton,** que trabajaba en el Laboratorio de Investigación Naval de Estados Unidos. Era un sistema de localización pensado para la navegación marítima y aérea, pero que ahora usa todo el mundo para saber a dónde ir. ¡Gracias, Roger, sin ti estaríamos perdidos!

¿CUÁL ES LA PREHISTORIA DEL ALMACENAMIENTO INFORMÁTICO?

Te sonará a chino, pero antes de almacenar todo en ese trastero virtual que es la nube, se usaron otras muchas cosas: el **disquete** de plástico, el **CD**, el **DVD** o el **USB** son algunos de los ingenios que guardaron nuestros secretos.

¿CUÁL FUE EL PRIMER VIRUS INFORMÁTICO?

En 1972 apareció **Creeper,** un programa maligno que hacía aparecer en la pantalla el mensaje: «¡Soy Creeper… atrápame si puedes!». Tras él se creó el primer antivirus: **Reaper.** Creeper significa «enredadera» y Reaper, «segadora».

¿CÓMO SE DIBUJA UNA EMOCIÓN?

¿HASTA DÓNDE PUEDE LLEGAR LA INTELIGENCIA ARTIFICIAL?

No tengas miedo. La IA hará muchas cosas mejor que nosotros, puede incluso que sea más inteligente, pero nunca nos ganará en emociones. La IA no tiene sentido común ni empatía, no te abrazará cuando sienta que estés triste. ¡Viva la humanidad!

Cultura y arte

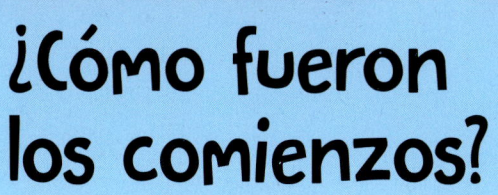

¿Cómo fueron los comienzos?

¿QUIÉNES FUERON LOS PRIMEROS PINTORES?

En algún momento del **Paleolítico** alguien muy creativo se puso a decorar su cueva con animales, quizá como un ritual mágico para atraer la caza de bisontes, caballos o ciervos.

SOY EL PICASSO DEL PALEOLÍTICO.

MODELO DE BELLEZA PREHISTÓRICO.

¿Y LOS PRIMEROS ESCULTORES?

También en el Paleolítico alguien talló en piedra, hueso, madera o marfil las famosas **Venus,** unas figuritas femeninas que seguramente eran un símbolo de fertilidad.

PRÁCTICOS, PERO COQUETOS.

85

¿ARTISTAS O ARTESANOS?

Pues un poco de cada… En el **Neolítico** inventaron la cerámica y el telar y es verdad que hacían cacharros para cocinar y comer, y telas para vestirse, pero los decoraban para que fuesen más bonitos y para ir más guapos.

¡LO ÚLTIMO EN MODA NEANDERTAL!

¿CUÁL FUE LA PRIMERA JOYA DE LA HISTORIA?

Hará unos 130 000 años, algún neandertal presumido se hizo un collar o una pulsera con garras de águila y cuerda. Y durante el Paleolítico fue común usar collares con caracolas marinas, dientes, huesos o piedras especialmente bonitas.

¿Qué estilos hay?

¿A QUÉ LLAMAMOS ARTE CLÁSICO?

Al de la **Antigua Grecia y Roma.** El Partenón de Atenas resume la búsqueda de la belleza griega por medio de la proporción porque para que pareciese recto, hicieron un poco de trampa, inclinaron las columnas hacia dentro y las hicieron más gruesas por el centro, de manera que no es perfecto… ¡Pero lo parece por una ilusión óptica! ¡Magia!

¿EL ROMÁNICO ESTÁ EN ROMA?

Está por tooooooda **Europa.** Es el arte religioso cristiano que desde el siglo XI hasta el XIII, construyó edificios muy sólidos y los decoró con pinturas planas, como este **Pantocrátor** o Dios Todopoderoso que bendice con su mano derecha a quien le mira.

¿CÓMO ES EL GÓTICO?

Es un estilo que siguió al Románico en Europa hasta el XV. Abrió ventanas y vidrieras de colores dejando entrar la luz en las altísimas catedrales, como la de **Notre Dame** en París.

¡QUÉ ESCÁNDALO, QUE LOS TAPEN UN POCO!

¿QUÉ SIGNIFICA RENACIMIENTO?

Este estilo de los siglos XV y XVI hizo «renacer» el estilo clásico, pero con una visión humanista. Por ejemplo, los frescos de la **Capilla Sixtina** de **Miguel Ángel** muestran el cuerpo humano en el centro de la escena.

¿CUÁNDO TRIUNFÓ EL BARROCO?

En el siglo XVII el arte se volvió más recargado y ornamental, pero también muy realista. Para sacar un retrato a la infanta Margarita, **Velázquez** se hizo un selfi con todos sus acompañantes en *Las Meninas.* ¡Luego no lo subió a las redes!

OH, LÀ LÀ!

¿QUÉ CARACTERIZA AL ROCOCÓ?

El arte francés del siglo XVIII tenía adornos y decoración por todas partes y mostraba a la aristocracia con sus lujos y extravagancias en colores pastel, como, por ejemplo, *El columpio* de **Fragonard** o los jardines del palacio de Versalles.

¿ES ROMÁNTICO EL ROMANTICISMO?

Bueno… el Romanticismo daba protagonismo a los **sentimientos,** pero no solo al amor, sino a todos, por ejemplo, la exaltación patriótica de *La Libertad guiando al pueblo* de **Delacroix.**

¡ANDA, SI SON NENÚFARES!

¿IMPRESIONA EL IMPRESIONISMO?

Decídelo tú. Es un estilo del siglo XIX en el que los pintores intentaban capturar la luz y el instante sin mucha definición, con **pinceladas imprecisas** que eran manchitas de colores y no se apreciaba lo que era hasta que te alejabas un poco del cuadro.

¿Aprendemos arquitectura?

¿QUIÉNES FUERON LOS PRIMEROS ARQUITECTOS?

No tenemos sus nombres, pero sí sus obras. La arquitectura prehistórica se llama **megalítica** (de *mega,* «grande» y *lithos,* «piedra»), como esos inmensos pedruscos colocados en círculo en **Stonehenge** cuyo uso es un misterio. ¿Sería un observatorio astronómico? ¿Un cementerio de lujo? ¿Cómo arrastraron estas piedras sin carros?

¡AAAAHH, QUÉ SARCÓFAGO MÁS CÓMODO!

¿PARA QUÉ SE CONSTRUYERON LAS PIRÁMIDES?

La pirámide egipcia era la colosal **tumba** de un faraón. En concreto, la **Gran Pirámide de Guiza** usó más de dos millones de bloques de piedra para que el faraón Keops pudiera descansar eternamente a su gusto.

¿CUÁNTA GENTE CABÍA EN EL COLISEO?

A los romanos les encantaba ver luchas de gladiadores, para ellos era como ir a ver un espectáculo… ¡gratis! Así que hicieron el Coliseo de Roma bien grande, con una capacidad para más de **50 000 personas.** Más o menos como el estadio de Anfield en Liverpool.

CLARO, POR ESO LA LLAMAN GRAN MURALLA…

¡UFFFF!

¿CÓMO DE GRANDE ES LA GRAN MURALLA?

¡Mucho! Se creía que eran unos 8 000 km, pero tras una investigación que midió tramos ocultos de los que solo quedan los cimientos y sus ramificaciones, resulta que llegó a tener… ¡más de **21 000 km**!

¿QUIÉN CONSTRUYÓ EL TAJ MAHAL?

Este palacio de Agra (India) lo mandó construir en el siglo XVII el emperador **Sha Janan** en honor a su esposa **Mumtaz Mahal,** su gran amor, que había muerto. Sus paredes de mármol tienen piedras preciosas incrustadas.

¿CUÁL ES EL RASCACIELOS MÁS FAMOSO?

El **Empire State Building** de Nueva York. Construido en 1931, es el símbolo de la modernidad y hasta King Kong trepó por su fachada de 102 pisos. ¡Tiene su propio código postal!

¡VAYA VISTA!

¿PARA QUÉ SE HIZO LA TORRE EIFFEL?

Para ser el símbolo de Francia en la **Exposición Universal de 1889.** Iba a montarse y desmontarse, pero se quedó para siempre: con sus más de 300 m de altura es el mejor balcón de París.

¿Y EL RASCACIELOS MÁS ALTO?

El **Burj Khalifa,** en Dubái, tiene la increíble altura de 828 m repartidos en 163 plantas. Naturalmente, cuenta con unos cuantos ascensores, en concreto, 58. Aunque también puedes subir por las escaleras, «solo» son 2 909 escalones…

89

¿Te gusta la pintura?

¿CUÁL ES EL CUADRO MÁS FAMOSO DEL MUNDO?

Seguramente, *La Gioconda* o *Mona Lisa,* de Leonardo da Vinci. Este pequeño retrato debe su fama a la misteriosa sonrisa de la protagonista y a que fue robado del Museo del Louvre en 1911. En 1919 Marcel Duchamp hizo una parodia del cuadro y le puso bigotes y perilla.

> SOY TAN FAMOSA COMO LA GIOCONDA... ¡O MÁS!

¿HAY UNA MONA LISA HOLANDESA?

Así consideran al cuadro de Vermeer, *La joven de la perla,* por ser un retrato misterioso de una muchacha desconocida con un turbante oriental y una perla en la oreja que brilla sobre el fondo negro.

90

¿UN CUADRO ES EL REFLEJO DEL PINTOR?

Puede serlo. Ocurre por ejemplo con la pintora mexicana **Frida Kahlo,** que se hizo multitud de autorretratos en los que revelaba también los problemas de salud que tuvo toda su vida.

¿UN CUADRO EN BLANCO Y NEGRO?

¡Sí! Y bien famoso. Se trata del **Guernica** de **Picasso.** Es un icono del arte del siglo xx y un alegato por la paz, ya que quería simbolizar el dolor y el sufrimiento que provoca la guerra.

¡¡¡AAAAAAAAAAAHHHHHHHHH!!!

¿EXISTE UN CUADRO CHILLÓN?

Desde luego que sí, *El grito* de **Edvard Munch.** El pintor quería expresar la desesperación y la angustia, ¡y lo consiguió!

¿CUÁL ES EL CUADRO MÁS FAMOSO DE ASIA?

Probablemente, *La gran ola de Kanawawa,* una estampa del pintor japonés **Katsushika Haokusai.** Muestra el poder del mar, con esa inmensa ola y con una cresta que recuerda las animales.

¿FUE IGUAL DE FAMOSO EN SU ÉPOCA?

Vincent Van Gogh pintó unos 900 cuadros, pero tan solo vendió uno en toda su vida y no fue este. *La noche estrellada,* un paisaje ondulante que parece moverse, tiene hoy un valor incalculable que nadie supo ver entonces.

¿QUÉ SIGNIFICAN ESTOS RELOJES?

Lo que **Dalí** quería decir con este cuadro, que se llama *La persistencia de la memoria,* aunque todos lo conocemos por los relojes derretidos, es lo relativo que es el tiempo… Era una forma complicada de decir que a veces el tiempo pasa más rápido o más lento, pero… ¡es que era surrealista!

¿Una muestra de escultura?

¿QUÉ ERA UN DISCÓBOLO?

Era el atleta de la Antigua Grecia que lanzaba el disco. El escultor **Mirón** plasmó justo ese momento de tensión antes de lanzarlo, con todos los músculos marcados, es casi una foto de mármol.

> NO ES POR NADA, PERO SOY MUY GUAPO...

> VALOR SIN LÍMITES.

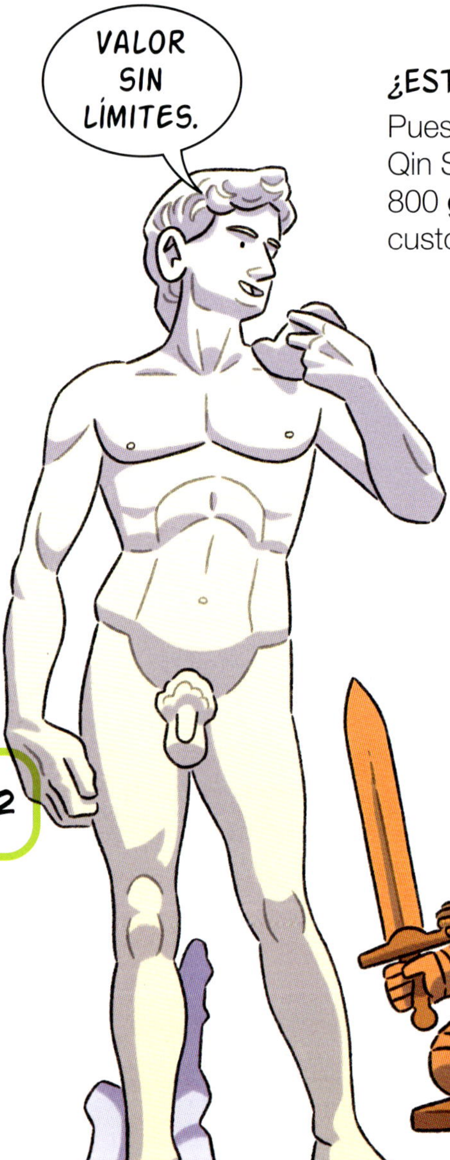

¿ESTATUAS DE TODO UN EJÉRCITO?

Pues sí. El primer emperador de China Qin Shi Huang mandó esculpir unos 800 **guerreros de terracota** para que custodiaran su tumba, todos diferentes y acompañados de caballos y carros. También hay escribas, bailarines, acróbatas y hasta músicos.

> ME VOY AL OTRO MUNDO CON MI EMPERADOR.

92

¿HACER UNA ESTATUA A LOS ANTEPASADOS?

Eso hicieron los antiguos habitantes de la Isla de Pascua, los rapa nui. De un modo misterioso, esculpieron inmensas estatuas de piedra en honor a sus antepasados, los **moáis,** y los pusieron de pie mirando al mar para vigilar la isla.

¿CUÁL ES LA HISTORIA DE DAVID?

Cuenta la Biblia que David fue un héroe adolescente que venció al gigante Goliat con tan solo una piedra bien lanzada desde su honda. **Miguel Ángel** reflejó ese porte orgulloso y esa grandeza en una escultura de más de 5 m.

> ¡OJITO CONMIGO!

¿QUÉ SIGNIFICA TENER UN ESTILO PROPIO?

Ser inconfundible, como ocurre con el colombiano **Fernando Botero.** Su estilo propio y personal de figuras redondeadas y voluminosas ha creado esculturas que no podrás olvidar, como hombres, mujeres y hasta pájaros o una enorme mano con dedos regordetes.

JAMÁS NOS PONDREMOS A DIETA... ¡SOMOS ARTE!

¿EXISTE UNA ESTATUA DE CUENTO?

Sí, está en Copenhague y es **La Sirenita.** La protagonista del cuento de Hans Christian Andersen está sentada en una roca junto al mar. Es un icono de la ciudad y del país.

¿CUÁL ES LA ESTATUA MÁS FAMOSA DEL MUNDO?

La **Estatua de la Libertad,** un regalo de Francia a Estados Unidos, que sigue de pie iluminando al mundo con su antorcha desde un islote de Nueva York.

93

¡UN ABRAZO!

¿ES UNA ESTATUA O UNA OBRA DE INGENIERÍA?

Ambas cosas. **El Cristo Redentor** o **Cristo de Corcovado** pesa más de 1 000 toneladas de hormigón armado de más de 30 m que extiende los brazos sobre Río de Janeiro en la cima del Cerro de Corcovado.

¿Descubrimos las nuevas artes?

¿QUÉ CAMBIÓ EL POP ART?

La idea clasista de que el arte era cosa de los más entendidos. **Andy Warhol** convirtió en arte cualquier objeto, desde una lata de sopa hasta un plátano. Y para sus retratos eligió musas como Marilyn y Elizabeth Taylor… con colores estridentes.

> RETRATÉ HASTA A LA REINA DE INGLATERRA.

¿QUÉ SON LAS TÉCNICAS MIXTAS?

Son obras de arte que mezclan materiales. Por ejemplo, el *collage* combina recortes, fotografías, telas, etc. para crear una obra completa, como los bodegones de **Georges Braque** con recortes de periódico y otras cosas pegadas.

¿QUÉ ES EL <<ARTE ENCONTRADO>>?

Es usar un objeto cotidiano para hacer arte, dándole un significado distinto del que tiene, como hizo **Marcel Duchamp** poniendo un urinario en una exposición al que llamó *Fuente.*

¡JE, JE, JE!

¿CÓMO SE HACE BODY ART?

Utilizando el cuerpo como un lienzo que hay que convertir en obra de arte. Se puede pintar, tatuar, ponerle piercings… Se suele hacer un vídeo del proceso y del antes y el después.

¿EL GRAFITI ES ARTE?

Depende. Alguien que deja su firma a lo loco en una pared con un espray no es lo mismo que hacer un mural gigante lleno de colores y detalles. En todo caso, ¡cuidado!, pintar las paredes sin permiso suele tener multa.

¡UPS, MI GLOBO!

¿ARTE URBANO Y GRAFITI ES LO MISMO?

Se parecen. Digamos que el arte urbano desciende del grafiti. También consiste en pintar paredes de la calle, pero transmite un mensaje más profundo, como ocurre con los dibujos pacifistas de **Banksy.**

¿Y EL CÓMIC, ES ARTE?

Pues lo llaman «el noveno arte», por algo será. Combina texto e ilustración para contar una historia, pero como no tiene antigüedad, se considera para niños y jóvenes y a veces usa el humor, hay quien no lo ve como arte.

¡NOSOTROS SÍ!

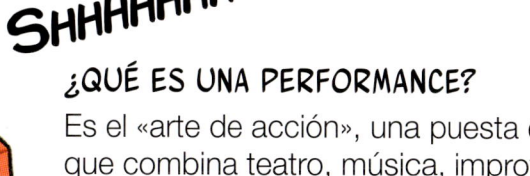

SHHHHHHH

¿QUÉ ES UNA PERFORMANCE?

Es el «arte de acción», una puesta en escena que combina teatro, música, improvisación, vídeo… siempre con la intención de generar una relación entre el artista y el público y, ¿por qué no?, de provocar. Por ejemplo, **Marina Abramović** se sentó en una silla del Museo de Arte Moderno de Nueva York durante 75 días para que los visitantes conectaran con ella en silencio.

¿Quieres saber más?

LOS DINOSAURIOS

¿Eran tan torpes como se cree?

¿Crees que eran lentos, torpes y tontos? Tenían un cerebro muy pequeño para su gran cuerpo, pero muchos, por ejemplo, tenían estrategias de caza en grupo, que es un pensamiento bastante complejo.

¿De qué color eran?

Seguramente tenían plumas, pero el colorido es un misterio porque los restos fósiles no incluyen la piel. ¿Quizá eran animales presumidos vestidos de colorines? ¿O tal vez iban de camuflaje para pasar desapercibidos? ¡No tenemos esta respuesta!

LOS ANIMALES

¿Cuáles son los monotremas?

Son un grupo muy curioso de animales con una característica especial: son mamíferos, pero ponen huevos. Solo hay dos de esta clase: los ornitorrincos y los equidnas, y los dos viven en Australia.

¿Nosotros somos animales?

¡Por supuesto! Somos vertebrados, mamíferos, del orden de los primates, la familia de los homínidos, del género *Homo* y de la especie *sapiens*. Los seres humanos somos animales… pero racionales. Por eso hacemos cosas que los demás animales no hacen: hablamos, imaginamos, leemos y escribimos…

MUNDO NATURAL

¿Desde cuándo hay árboles?

Son los organismos vivos más antiguos del planeta. Hace más de 300 millones de años que existen. El árbol más viejo que existe hoy tiene 4 847 años, se llama Matusalén y está en un bosque de California.

¿Cuáles son las Siete Maravillas Naturales?

Las cataratas del Iguazú, la montaña de la Mesa, la bahía de Ha-Long, la Amazonia, el río subterráneo de Puerto Princesa, la isla de Komodo y la de Jeju.

EL CUERPO HUMANO

¿Cuáles son los órganos imprescindibles?

Solo necesitamos cinco para sobrevivir, que son: el cerebro, el corazón, el hígado y al menos un pulmón y un riñón (aunque es mucho mejor que funcionen los dos, claro).

¿Todos somos muy diferentes?

Puede parecerlo, pero no: los humanos compartimos el 99,6 % de nuestro ADN. Somos tan parecidos, que no deberíamos discutir nunca…

¿DÓNDE VIVIMOS?

¿Cuáles fueron las ciudades más importantes?

Las capitales de los imperios más grandes de la Antigüedad, como Atenas, Roma, Xian, Petra, Persépolis, Jerusalén, Tebas, Alejandría o Cuzco… ¡Eran el Nueva York de su época!

¿Cuál es la bandera más rara del mundo?

La de Nepal, que es la única que no es rectangular, sino que tiene forma de «M» tumbada.

CIENCIA E INVENTOS

¿Cuáles son los peores inventos de la historia?

Quizá no es culpa de los inventos, sino de para qué se usaron, por ejemplo, la dinamita o la bomba atómica. Y luego están pequeños inventos absurdos o inservibles, como… ¡las pelucas para gatos!

¿Existe una medicina que lo cure todo?

La llamada panacea universal, una medicina con poder para curarlo todo, fue buscada durante siglos: el elixir de la vida, la piedra filosofal, el grial, el cuerno de unicornio… Lamentamos informarte de que no existe y que, cuando te pongas enfermo, tendrás que tomar la medicación que te indique el doctor, diferente según sea una enfermedad u otra.

CULTURA Y ARTE

¿Cuál era el nombre completo de Picasso?

Coge aire y recita: Pablo Diego José Francisco de Paula Juan Nepomuceno María de los Remedios Crispín Crispiano de la Santísima Trinidad Ruiz Picasso. ¡Imposible recordarlo!

¿Cuál es el museo más raro del mundo?

El Museum of Art Fakes de Viena solo expone obras… ¡falsificadas! Entre otros, expone las obras de Tom Keating, un restaurador inglés que falsificó más de 2 000 obras dejando en todas ellas un «error» histórico para entretenerse buscando.